Mantelinperijä

Mantelinperijä

Runoja

Nina Reunanen

Kansi: Reunanen, Nina

Kustantaja: BoD – Books on Demand, Helsinki, Suomi

Valmistaja: BoD – Books on Demand, Norderstedt, Saksa

ISBN: 9789528036920

ALIVOIMA

5

et halua ripustaa
aivopestyä nyrkkipyykkiäsi kuivumaan
etkä paikata
huolihousujesi polvia persettä

kerjäläisenä tahdot kurkkia rikkauksiisi

MULLA MENEE AINA VAIN

PAREMMIN

FUCK OFF

korvat vuotaa kuiviin
kuviin
kuuntelen miten Post Malone
osaa hellästi toivottaa
Fuck Off

olen silkkikauppiaan vaimo
luotujen rakastaja
tyhjä taulu haparoivalla alkuajatuksella
pelkkä valohämy 30 ohuella maalikerroksella

helppoo löyhää
kun tässä
pienet letit päässäni
kimonossa kirjoittelen
taivaslyhtyjen alla

KESKENERÄISIÄ AJATUKSIA

Nautinnon siirtäminen loputtomiin ei toimi. Nautinto joko
kuivuu, häviää tai varastetaan.

Toisinaan rangaistus tulee ennen rikosta.

Agenttimaailmassa paljastuneesta henkilöstä tulee hyödytön,
jopa vaarallinen, mutta
tavallisessa elämässä oikea läheisyys vaatii paljastumista, sillä
mysteerit ovat kutkuttavia, mutta jäävät etäisiksi, esityksiksi,
lasin taakse.

Ääripään valuutoilla,
hysterialla ja mykkäkoululla,
maksamisesta seuraa yllättäviä lisäkuluja.

Näin on tarkoitettu, on hirveää ylimielisyyttä.

Olemme täynnä mielikuvia, jotka estävät tyytyväisyyden, jota
opetusten mukaan pidämme tyytymisenä.

Kannattaa olla tarkkana,
mihin viittaa.

Piipunrassilla, parisuhteella, pankilla ja perseellä
uudet merkitys-, asia- ja tunnesisällöt.

Sosiaalisuuden vaatimus eristää enemmän kuin mikään muu,
eikä ahtailla byrokratian käytävillä kykene kulkemaan
omaa vauhtiaan.

Suomentajien kirjoittamat kirjat
eivät ole alkuperäisteoksia, vaan
uusia itsenäisiä töitä.

Säälistä tehdyistä ratkaisuista
joku maksaa aina
ylihintaa.

Pönötystaiteen narkin katseet,
arvot ja ansiot edessä pöydällä.

Helppoa epäillään, vaikka se
sisältää usein oivalluksen.

"Tee parannus",
hokevat Jeesukset ja omahoitajat.
Nuo Criminal Minds'in
erikoisagentit, jotka osaavat puhua vakuuttavasti
omilla vuoroillaan, ja ovat täällä vain töissä.

Täytyykö itsevarmuus paaluttaa vai
sallitaanko pienet vajoamat?

Ihmiset puhuvat mieluummin muutoksesta kuin muuttuvat.
Kaikkein mieluiten he muistuttavat toisten muutostarpeesta.
Ihmiset tulkitsevat, vaikka voisivat vain kysyä.
He vihjailevat, kun häpeävät halujaan ja tarpeitaan.
Kiristävät lisää, vaikka haluaisivat löysätä, sillä
eivät välitä tarkistaa kiertosuuntaa.
Ja kun he istuvat, he istuvat vain harvoin koko painollaan.

Kaikki varakkaisiin liitetty on hulppeaa.

Niille, joiden pitää kulkea katkaistu silitysraudan johto
laukussaan, ei suositella pellavavaatteita.

Eikö jo pelkkä sana "kasvattaminen" anna olettaa,
että nyt ollaan luomassa jotain suurta.
Juhuu!
Silti kasvatusaltaista tulee ulos
likilaskuinen ja itseään pienempi,
joka tilaa aina huonoimman annoksen.
Buhuu!

Syrjäytynyt, mistä?
Keskiverrosta?
Ideaalista?
Joidenkin oikeaksi nimeämästä?
Vai, karkuun päässyt?
Kontrolloimaton? Vapaa? Ulottumattomissa? Irrallinen?
Onnellinen?
Ongelma, joka pitää syyllistää nöyräksi
lyömällä laiskuuden leima.

Kohtuuttomuus on epäoikeudenmukaisuuden ohella toinen
elämän pääluonteenpiirteistä.

Pidentäkää äkkiä oppivelvollisuuksia,
niin saadaan jotain krotia,
ja kaikki pakoreitit tilkittyä.
Haluttomat konttaajat eteisiin nostamaan pystyyn
kaltaisiaan tahdottomia.

Se, mitä olemme,
muuttuu sen mukaan, kenen
vieressä, edessä, takana
seisomme.

Haalari on aina eettinen valinta.
Vauvan collegehaalarit, lasten ulkohaalarit,
nuorten opiskelijahaalarit, nuorekkaiden lappuhaalarit,
aikuisten työhaalarit, rohkeiden shortsihaalarit,
juhliin pitsi- ja paljettihaalarit,
vanhusten hygieniahaalarit,
vankien tarkkailuhaalarit.

NYKYSADUT
LYHYTJÄNNITTEISILLE

1. ORTODOKSINEN TULEHDUS

Kenenkään sydämessä ei ole pientä keinua. Se on fysiologinen mahdottomuus. Sara-nimisen naisen sisällä lupsakat karjalaisukot eivät pidä praasniekkojaan, eikä heillä ole vedenpyhitystä käynnissä, se on jälleen pelkkä virtsatietulehdus. Seurausta siitä, ettet viitsinyt tehdä, kuten parhaaksesi tiesit.

> "Ennen ja jälkeen seksin, tyhjennä rakko seisovasta virtsasta."

2. PASKA NAKKI

Eivät lapset vahingossa metsään eksyneet, vaan äiti ja isä hylkäsivät heidät sinne saadakseen lapsivapaata aikaa, sillä itsekkäät isovanhemmat eivät halunneet auttaa, vaan söivät harmaalla sohvalla nitriittinakkia ja joivat elektrolyyttejä sisältävää artesaanivettä.

3. ÄITIEN TEKEMÄÄ

Vanhukset muistelivat kaiholla aikaa, jolloin paremmissa marjahilloissa oli vielä erikseen maininta: "Saattaa sisältää jäämiä aidoista marjoista."

4. IHON ALLE

– Näillä ilmastoiduilla, pehmeäpenkkisillä luksusautoilla on ihanaa ajaa katsomaan ainavihantia sypressejä.
– Mikä on sypressi? pikku tyttö kysyi.
– Se on sellainen havupuu, joka ei kovin hyvin täällä meillä selviydy.
– Miksei?
– Täällä on sille liian kylmää.
Hyvin koulutettu lastentarhanopettaja yrittää tunkea jättilehmää pinkkiin autoon.
– Se on Barbien auto. Eikä lehmät osaa ajaa. Mä oon käyny kotieläinpuistossa.
– Tiedätkö erikoisimman auton, jolla olen ajanut?
– Mua ei kiinnosta. Mä oon viisi, höhlä.
– Se oli ihan pieni auto, jossa oli edessä vain yksi pyörä. Sen katolla oli aurinkopaneeli ja sen perästä myytiin kahvia.
– Autoissa kuuluu olla neljä pyörää. Mikä muka on aurinkopaneeli?
– Auringon säteily muutetaan sen avulla energiaksi.
– Mitä energia muka on?
– Se voi olla liikettä, sähköä ja vaikka lämpöä. No jaa, tietyssä mielessä rasvakin on energiaa.
– Onko toi sitte energiaa?
Tyttö antaa lehmän sarvien upota tutkinnoissaan menestyneen tarhatädin vatsaan, joka näyttää isommalta mitä on, kun nainen istuu lattialla huonossa ryhdissä.
– Tosi paljon energiaa sulla siinä. Onko siellä joku? Haloo! Kuuluuko? Huhuu!
Tyttö koputtaa vaativalla lehmällä pelokasta vatsaa.
– Se on kuollu. Voi harmi!
– Kuule, Barbie voisi mennä käymään vaikka kampaajalla.
– Se on ihan kuin äiti.
– Niin on. Äidilläsi on kauniit hiukset.
– Miks sulla on niin vähän hiuksia?

– Nämä ovat lyhyet hiukset.

– Miks?

– Pidän lyhyistä hiuksista.

– Etkä pidä. En usko. Mä en ainakaan pidä.

– Ihmiset pitävät eri asioista.

– Kukaan ei tykkää noista.

– Miksei?

– Ne on rumat.

– Ei kai nyt sentään.

– On ne. Kysy keltä vaan. Kaikkihan sen näkee. Ne on lyhyet ja niitä on tosi vähän.

– Kuule, ei leikkikaveria saa haukkua. Tästä puhuttiin juuri aamulla. Muistatko vielä?

– En mä hauku, höhlä. Koirat ne haukkuu. Sitä paitsi, sä oot jo tosi vanha, miks sä yhä leikit? Eiks sulla oo mitään parempaa tekemistä? Äitikin menee aina välillä sentään töihin.

– Tämä on minun työtäni.

– Ai, oikeeta työtä? Ihan oikeeta?

– Niin.

– Saatko sä tästä palkkaa?

– No, saan minä jotain.

– Ei tästä paljon kyllä voi saada. Mä en ikinä haluis hoitaa lapsia. Ne on kamalii.

– Tämä on kiva työpaikka. Saa olla ihanien lasten kanssa.

– Eiks sulla oo omaa lasta, jonka kanssa voisit olla?

– On minulla yksi tyttö.

– Mä oon tullu äitiini. Jee!

– Niin olet.

– Me ollaan äidin kanssa molemmat kauniita. Jos sun tyttös on tullu äitiinsä, sitä aletaan kiusata koulussa. Ruma tukka ja paljon energiaa ja autossa vaan yks pyörä, eikä ne ainavihannatkaan vaan kasva.

– Toivottavasti ei aleta.

– Aletaan kyllä. Satavarmasti. Mä ainaki alan ja pakotan kaikki muutki mukaan. Näet sitte.

– Otetaanko kuule ruokalelut esille? Barbie voisi tilata Panang Gung -annoksen. Siinä on herkkusieniä ja jättikatkarapuja.
– Mä oon käyny Thaimaassa monta kertaa.
– Niin olet.
– Ootko sä?
– Ei, siellä en ole vielä käynyt.
– Et sä sinne asti pääse. Sä saat niin vähän palkkaa, ja sit sun tyttös vaan itkis koneessa, kun se pelkäis, etkä sä vois auttaa, kun sulla ois ripuli. Kuule, missä se sun tyttös on nyt?
– Tarhassa.
– Eläintarhassa?
– Ei, kun hoidossa.
– Ai, sairaanhoidossa?
– Ei, kun tällaisessa päiväkodissa, missä sinäkin.
– Sä hoidat toisten lapsia, muttet omaas. Ihan sairasta. Hyi hitto! Siellä se sun tyttös nyt itkee. Kuuletko? Yhyy yhyy! Sulla on muuten finni ihan nenän päällä. Sitä ei voi olla huomaamatta. Kaikki vaan kattoo sitä ja ajattelee, että tääkin vielä. Miten noin vanhalla voi olla finnejä?
– Pelattaisiinko muistipeliä?
– Eikö sua jo väsytä?
– Ei tietenkään. Haluan, että sinulla on mukavaa.
– Ei mulla oo. Sä et oo kovin hyvä viihdyttäjä. Äiti! Äitiiiiii! Hyvä, että tulit jo. Tää alko käydä raskaaksi. Äiti! Tää täti haluis olla mulle tosi hyvä, eikä sitä väsytä koskaan. Se sanoo, ettei se leiki näitä sen tyttären kanssa, koska se on niin ruma, ja sen takia sen täytyy olla muualla tarhattuna. Äitiiii! Mun pitää saada tästä palkkaa.

5. KILL MISTER

Olipa kerran pelko, joka syntyi häpeästä. Vaivaan suositeltiin Chuck Norrisin "Action Pants" -shortseja tai Lemmy Kilmisterin inspiroimia farkkushortseja.

Kunnollinen itsensä nolaaminen on hyväksi koko kehon
terveydelle.

6. RUUTUAIKA

Tositelevisiotähdet jakoivat lapsillemme seksuaali-, alkoholi- ja
tapakasvatusta. Kaikki tiesivät, ettei tänne oltu tultu
ystävystymään, sillä jokainen halusi yksilötreffeille. "Osia
uusiksi"- ohjelmassa tehtiin viime vuonna kaikkien aikojen
katsojaennätys, kun 43-vuotiaasta, kulahtaneesta ja
ihohuokoisesta Geenasta onnistuttiin muokkaamaan niin nuori,
että hänen äitinsä joutui ottamaan tyttärensä takaisin
kohtuunsa. Tästä tapahtumasta tehtiin oma 5-osainen
minisarjansa, "Pillunmurtajat".

7. NAISEN ULKONÄKÖ KUULUU KAIKILLE

Jotkut kaunistautuvat vain itseään varten, ja sen kyllä huomaa.
He yrittävät sokaista toiset puhumalla sisäisestä kauneudestaan.
Usein sisäinen kauneus on kuitenkin vain heikommin tai
paremmin pidäteltyä ja peiteltyä vihaa, kaunaa, kateutta sekä
ärtymystä. Ulkoinen kauneus on tärkeää, sillä sisäinen kauneus
on niin ailahtelevaista ja katoavaa. Usein se kestää enintään
seurusteluvaiheen.

Ulkonäköasiainministeriö (UNAM) on laatinut varustelistan,
jolla suomalaiset naiset saadaan kauniimmiksi. Häälahjalistat
on siirretty Stokkalta kauneuskirurgiasemille Viroon.
Ministeriön virallisen linjauksen mukaan "emme enää tule
hyväksymään naisten tekosyitä siitä, miten niskat kipeytyvät tai
urheilu vaikeutuu". Vähimmäisvaatimuksena ovat neljän
desilitran (400 cc) implantit. Kaikille rumille feministeille,
jotka suostuvat julkisesti luopumaan tästä epäterveestä
aatteestaan, ministeriö lupaa ilmaisen siankarvahiuslisäkkeen,

joka on kuin merivedellä pesty ja pitää muotonsa (100 prosenttista karjunkarvaa).

8. VEROILLA LISÄÄ ARVOA

Köyhiä ja väsyneitä autetaan sakoilla, sanktioilla, uhkauksilla sekä ympärivuorokautisella valvonnalla. Kun on muutenkin loppu, lastensuojelun kirjaukset ja heränneet huolet, yllätyskäynnit sekä saatanalliset traumaleikit piristävät kummasti. Neuvolan ristikuulusteluissa kannattaa aina puhua täyttä totta, niin saa itselleen kaikki kyttäysyhteiskunnan valvontalaitteet.

Kun renkaiden urasyvyys ei ole enää riittävä, asiaa helpotetaan sakolla. Yleensäkin kaikenlaiset viivästyskorot, perintäkirjeet, haasteet käräjäoikeuteen, maksuhäiriömerkinnät ja ulosotot ovat hyviä kannustimia vaikeuksien kanssa kamppaileville.

9. NORMISETTI

Niitä kehutaan, joilla on jo ennestään eniten ihailijoita, ja työt saavat aina ne, jotka ovat jo töissä.

10. NAIMISIIN!

Naisen sylissä oli tyttö ja tytöllä kissa. Lapsi tahtoi pois äitinsä sylistä, kissa unelmoi kissanelämästä. Äidiltä ei kysytty. Kissa katsoi ulos ikkunasta ja näki tulppaanien nektarisäiliöt sekä hiirien virtsat. Naista hän ei nähnyt.

Jotkut olivat kuitenkin juuri menneet naimisiin. Morsian seisoi parkkipaikalla hyttysverkko päässään. Perskärpäset harmittivat häntä. Likainen luonto valtaisi pian kaiken, laattakivet ja puusäleiköt, sillä häälahjaksi saatu keltainen painepesuri unohtuisi talvipakkaseen ja hajoaisi.

Juhlapaikan takana metsäpoukama ei ollut vielä ehtinyt siivota edellistä vuodenaikaa kokonaan pois. Kun nukkuva namasté, kämmenet vastakkain posken alla, heräsi kangasmetsän tilkulta, vuokot hänen ympäriltään olivat kuolleet. Niin paljon hänessä oli varjoa. Käsivarret olivat täynnä juurten ja oksien viestejä, metsän automaatiokirjoitusta, jota kukaan ei välittänyt enää tulkita.

Hääväen parfyymi peitti ominaistuoksut, eikä yksikään löytänyt sielunkumppaniaan. Kutsut jatkoon, jatkoille, annettiin ihan väärille.

11. MAD MAX

Max kutsui pahuutta temperamentiksi, kostonhimoa ajattelemattomuudeksi ja murhaa isän rakkaudeksi. Hänen ympärillään kaikki vihasivat ja pelkäsivät hymyillen. Naiset nukkuivat silmät auki, reikiä jalkapohjissaan, alushousut syvälle ihoon kaiverrettuina. Pystynenäiset Peter Panit ohimoille ommeltuine silmäkulmineen lennättivät Unohdettuja poikia Mikä-Mikä-Maahan, eikä kaikki perustunut vapaaehtoisuuteen.

Max ei ollut nähnyt yhdenkään tyhmän koskaan viisastuvan, eikä hyväntahtoisia kestänyt kukaan. Hän eli ihmisten likaisista totuuksista. Onnellisia ne harvat, jotka selvisivät pelkällä rahalla.

Hän istui käsintehdyssä Bentleyssä, ja oli itsekin vain jakkara, joka juoksi ajovaloissa silmissään valkoinen kauhu.

Samansukuinen ahdistus robottien valmistamissa tusina-Mazdoissa.

12. KEN JA BARBIE OSTOKSILLA

Ensi vuoden alusta jokaisessa hahmossa pitää olla tuoteseloste. Omavalvontapöytäkirjat ja niiden ajantasaisuus pitää pystyä osoittamaan viranomaisille pyydettäessä. Puolivuosittain pidettävät kehityskeskustelut tulevat samalla pakollisiksi kaikissa perheissä, joissa on alaikäisiä. Lapsi voi ilmoittaa tyytymättömyydestään Kehityskeskusteluasiainministeriön (KKAM) sivustoilta, kohdasta "paska vanhempi", avautuvalla sähköisellä kaavakkeella.

Autonkorjaus, remontointi, asunnon myyminen / ostaminen / vuokraaminen, lastenhoito, eläintenpito sekä kumppanin etsintä soveltuvin osin tehdään luvanvaraiseksi. Ensisijaisesti suositellaan kaikissa näissä toimissa asiantuntijoiden käyttöä. Autopilot ohjaa puolestasi. Sexmachine panee parastaan. I Robot tekee työsi. Stuntman elää puolestasi.

Ostaminen on aina eettistä -liitto aloittaa helmikuussa mittavan kampanjansa, jolloin koteihin jaetaan "Ken ostaa, se elää" sekä "Ostaminen parantaa Barbien haavat" -siirtotatuointeja.

13. JOULUN VÄRIT

Tip tap tipe tip, marttyyrit ne stressaantuneina ja petettyinä lämpimän joulutunnelman siniharmaaseen Älvsbytaloon tuo. Lauteilla tavallista paksumpi pamfletti peflettinä. Kissapaitulista lipeähymy, ja avioeropapereiden printtaus. Onneksi on sentään itse tehty imelletty perunalaatikko, josta kukaan ei edelleenkään pidä.

14. VÄÄRÄ MALLI

Ujousvirheestä pitää parantua, opetetaan kansainvälisissä kouluissa. Muuten hankitaan raskaat diagnoosit, joiden jälkeen

unohtuu hyvin pitkäksi aikaa turvahuoneeseen. Kyse ei ole
jälki-istunnosta tai rangaistuksesta. Se on omaksi parhaaksi.

15. TURVATARKASTUS

– Voitko avata kassisi, pyytää tavallinen turvamies tutussaan.
– No, joo.

Kuolinkouristuksiin räittyjen nenäliinojen saattokoti.
Ihonväriset sukkahousut kiinnittyneinä terveyssiteeseen.
Virsikirjan kannet, joissa kuppalista, kolme härskiintynyttä
toivomusta ja entisaikojen ihannemittoja.
Irtovirsi 517, irtosuhde Jeesukseen ja pariin muuhun
karismaattiseen irtolaiseen.
Kuva rumasta pikkukoirasta, jonka voi ulkoiluttaa portailla.
Irtolameeta ja molemmista päistä poltettu itsenäisyyspäivän
kynttilä.
Valikoima esi- ja päänahkoja läpinäkyvissä
lahjapakkauksissaan.
Orgasmissa värisevä tuplavibraattori ja tuntemattoman sotilaan
yhteystiedot.
Huuhtoutunutta kulttuurikerrosta ja vanhan kyläkaupan
ylähyllyt.

– Tyhjennätkö myös taskusi tiskille.
– No, joo.

Kahden minuutin päästä soiva maailmanlopun munakello.
Munakokkelia elmukelmussa.
Välineet veritankkaukseen.
Kauas pudonnut valkea kuulas.

– Kiitos ja hauskaa iltaa!

16. KUULUISIA LAPSIA

Syntynyt Nuutajärvellä 1964, isä Oiva Toikka, lapsi
Kastehelmi. Saanut alkunsa lämpimissä olosuhteissa Italian
matkalla 1953, äiti Vuokko Eskolin-Nurmesniemi, lapsi
Piccolo-kangas, josta aikuistuttuaan kasvoi Jokapoika.
Synnytetty kivulla 1936, isä Alvar Aalto, äiti Aino Aalto, lapsi
Savoy-maljakko, jonka monet tuntevat paremmin lempinimellä
Aalto-maljakko. Syntynyt yliluonnollisesti 1931, isä Haddon
Sundblom, ei äitiä, lapsi jouluomenaposkinen kokapukki,
suupielissään pyhän öljyn kiiltoa. Synnytetty kirnussa, isä
mäntä, äiti kermaa ja suolaa, lapsi voita.
Syntynyt 1945 ei-toivottuna, kastettu lainatussa kastepuvussa,
nukkunut koko kastejuhlan ajan, pappi kironnut "kiltiksi
tytöksi". Äiti pelossa kasvatettu, isä puutteessa. Vanha, vasta-
ja valealkaja, jolla se, mikä tekee muista naisista upeita, näyttää
naurettavalta ja halvalta. Kotimaassaan, mutta aina
turvapaikkaa vailla.

17. TOISENLAINEN NARNIA

– Lähek sää nussimaa?
Ja Teija oli lähtenyt, vaikka pelkkä kiitoskortti olisi riittänyt.

Miehellä oli kaksi huonetta, unikkoverhot, pöytäliina ja kaappi.
Teijan silmät pyörivät kuopissaan rouheasti kuin
vanhanaikaiset keraamiset sulakkeet.

Kunnon tytöt pitivät lupauksensa, eikä hän ollut nainen vielä
kolmekymmenvuotiaana.

Miehellä ei ollut kondomia, eikä Teijallakaan.

– Kyl liha on aina maukkaampaa luun viärest, mies hoki. Mieheltä kesti liian pitkään tulla, sillä Teijan luut olivat lihan sisällä hyvin piilossa.

Pimeä iski Teijalle sokeaa silmää. Nyt hän oli vihdoin saanut omaa aikaa.

18. LICENCE TO KILL

Orjuus kielletään uudestaan koko maailmassa, koska se nyt vaan on tosi rumaa. Ei kukaan halua katsella sellaista.

Orjuudelle annetaan uusi neutraali nimi, sorjuus. Samalla kuudelle yleisimmälle sorjuuden muodolle myönnetään kaikki kansainväliset reilun kaupan sertifikaatit. Näitä ovat seksisorja, velkasorja, kotisorja, lapsisorja, pakkotyösorja sekä pelkkä sorja, joka kattaa kaikki sorjuuden kaltaiset muut tuotteet.

19. KÄPY

Asunnottomien yön rapajuopot, laiskat loiset ja epäesteettiset vanhukset keräävät pulloja tien laidoilta ilman tieturva- ja verokorttia. Osa näistä on niitä samoja saatanoita, jotka tienaavat kesällä miljoonia poimimalla mustikoita, puolukoita ja sieniä toisten metsistä.

Mistä syntyy se harhaluulo, että täällä näin vain ilman lupaa saisivat köyhät asemaansa pyrkiä parantamaan? Raamattukin käskee jäämään omaan paskaansa makaamaan.

Kolmanteen ja neljänteen polveen kostan kaikille kaltaisilleni köyhille ne vääryydet, joilla yhteiskunta, eliitti ja etuoikeutetut ovat minua nöyryyttäneet.

Enhän minäkään haluaisi olla talonmies, vaan talon mies.

20. VENEPAKOLAISET

Vanhusten hoitaminen loppuun asti tulee yhteiskunnalle liian kalliiksi, sanovat kaikki tutkimukset. Ongelmaan on etsitty ratkaisua veneilystä.

Jotkut muinaiset kulttuurit työnsivät vanhuksensa ruuhiin, jotka laskettiin ulapalle. Tämän menetelmän heikkoutena oli auttamaton hitaus, johon nyky-yhteiskunnalla ei ole enää varaa. Prosessin nopeuttamiseksi on ehdotettu veneen pohjatapin poistamista, jolloin hidas kitumiskuolema muuttuisi nopeaksi eloonjäämiskamppailuksi. Perinteikkäiden kirkkoveneiden käyttö mahdollistaisi monen vanhuksen samanaikaisen järjestelmästä poistamisen. Tästä näyttävästä tilaisuudesta voisi muodostua noitarovioiden ja mestausten kaltainen iloinen markkinatapahtuma.

Modernimpana ja interaktiivisempana versiona edellisestä pidetään piknikristeilyä tai Päivä Tallinnassa -risteilyä. Tilaisuuksilla olisi kaikki edellytykset kasvaa viraaleiksi hiteiksi, ja tuotesijoittelun avulla sponsorit saisivat valmisteilleen positiivista näkyvyyttä.

Kirkon piirissä veneilylle kohotetaan läikkyvää punaviinilasia, jos toistakin. Uuden sakramentin nimeä mietitään. Tällä hetkellä parhaina ehdotuksina pidetään "käsittä työntämistä" sekä "onnenpotkua". Pieni potku on työntämistä hienovaraisempaa, eikä kenenkään tarvitse liata käsiään. Maalaavathan jotkut jaloillaan hienoja joulukorttejakin.

NO FEAR

Mies puri naista. Nainen oli kiinalainen nyytti, dumplings, ja kun mies puri häntä, sisältä roiskahti kuumaa nestettä. Se sattui aivan helvetisti, mutta oli vain vitsi.

Nainen inhosi huonoja vitsejä. Hänen kehonsa oli täynnä niitä, ja ne näyttivät ihan arvilta.

Toisinaan mies kulki naisen edellä hiuksista vetäen. Paljon useammin vain töni, tyrkki ja nyppi. Se kaikki tuntui vainoamiselta, vaikka olikin poikkeuksellisen syvää rakkautta.

Nainen ei kaivannut enää tosi rakkautta. Suuri määrä sitä sorttia teki kaljuksi. Sitä paitsi, nyppiminen sopi vain apinoille ja voitaikinalle.

Hyvinä päivinä mies vaati saada puhua naisen asioista suoraan ja rehellisesti. Naisen johtoasema töissä tarkoitti vain, ettei häntä vielä tunnettu. Paljastuminen tulisi olemaan naiselle lopulta helpotus, sillä miehen mukaan pahinta oli tämä odottelu.

Nainen ei liiemmin arvostanut rehellisyyttä. Se oli vain pitkä viilto kurkunpäästä häpyluuhun, eikä ruumiinavausta saisi koskaan tehdä elävälle.

Mies hankasi naista yhdestä paikasta niin kauan, että tämä kului puhki, meni rikki. Pyyhki niin, että nainen alkoi hävitä kokonaan. Se tuntui nais- ja ihmisvihalta, vaikka olikin välittämistä.

Kunpa kukaan ei enää koskaan välittäisi niin paljon. Kunpa hän saisi vain olla. Ja kunpa nainen muistaisi, että sateessa rakastuminen saattoi olla vain ihoon liimautuneita kylmiä ja painavia vaatteita, jotka oli myöhemmin vaikea riisua.

Mies vertasi naista mielellään toisiin naisiin. Entisiinsä. Lehtien ja elokuvien naisiin. Naisiin kaduilla ja ravintoloissa. Kavereidensa naisiin. Oikeisiin naisiin. Se sai naisen häpeämään itseään, vaikka olikin vain avun antamista.

Nainen ei kaivannut apua. Hän oli ennenkin selvinnyt yksin.

Mies oli tyytymätön naisen tyyliin. Hiuksiin ja vaatteisiin. Se tuntui naisesta nöyryyttävältä, vaikka oli ihailua. Sehän tarkoitti vain, että naisesta olisi paljon enemmäksi.

Nainen pelkäsi ihailua. Hän oli joskus ollut kaunis, mutta hänet oli ihailtu rumaksi.

Mies pilkkasi naisen polvien lommoja ja pitkiä etuvarpaita. Se tuntui vähättelyltä, mutta oli ihan viatonta kiusaamista ja pränkkäystä. Sellaista, josta kukaan terve ja järkevä ihminen ei ottanut nokkiinsa.

Nainen ei ymmärtänyt pelkkää viatonta kiusaamista. Sellaista ei ollut olemassa.

Peruskoulussa pojat olivat availleet rintaliivien hakasia ja heitelleet tavaroilla. Sitä oli jopa opettajien puolelta kutsuttu ihastumiseksi. Aikuiseksi kasvettuaan ne samat pojat tappoivat, koska olivat rakastuneet. Isommasta tunteesta toki isompi reaktio.

– Väkivaltainen hullu, mies huusi heitettyään naista silitysraudalla ja -laudalla rintaan.

– Olet ihan sekaisin, mies pilkkasi.

Vihdoin nainen oli täysin samaa mieltä, ja siirtyi pois
juoksumatolta.

Hän ei halunnut enää värityskirjoja, jotka auttoivat naisia
pysyttelemään nätisti viivojen sisäpuolella. Eikä laadukkaita ja
iättömiä juhlapukuja, jotka eivät olleet kuulleetkaan
hauskanpidosta. Voiko edes mikään, mihin sopivat helmet, olla
hauskaa? Todella hauskassa oli häivähdys luvattomuutta ja
levottomuutta, muttei pelkoa. Ei koskaan enää pelkoa!

KIRPEÄÄ PIKKELSSIÄ

14:ntenä joustavan liman päivänä auringon mennessä
lihamyllyyn
toinen sukupuoli tapaa vierasesineen murretun kylkiluunsa
omistajan
viisi litraa verta suurimmaksi osaksi vettä neonvalotikut
tekokuidut
sataa ja ollaan rakastuneita kello 02.20
ei hätää raskaudet alkavat vain avioliitoissa pervon pukin
polvella piiskaa polvisukissa
sataa ja kosteassa ilmastossa puujulkisivut alkavat alle
vuodessa vihertää

lapsivesi on syövyttävä raekuuro on motti apgar 9
olet jo iso tyttö peruskoulun päästötodistus 8.2
muista olla kiltisti 042 on sinun vuorosi tuumat kasvavat 12:sta
28:aan
porttien hälytykset soivat näppäilet 6089 enter

ennen sunnuntaiaamua pääsi on trofee
sarvissa migreenilamput soitat taskulaskimella 112 se tekee
neljä
unessa jäät luokallesi ne käskee vain istua pihalle odottamaan
joku tulee kyllä joskus jos muistaa tai ehtii ennen
kelataksi kissabussi kanootti kaivinkone
kaikki heittävät ensimmäisen kiven seita syntyy

palaat suunnasta +31 takaisin +358:aan
et koskaan oppinut hengittämään merenpinnan tason
alapuolella

kätesi ovat broilerin rintapalat metsän eläimet syövät kädestäsi
käsilläsi käsiäsi käsittäsi
sepelvaltimotauti siipivaurio sarjamurha sukkahousut
salametsästys siveys sulkuportit
olet 54 vastaat vaan jos kysytään aivot vaivaisenluiden sisällä
39 vuotta sitten opettelit ulkoa uskontunnustuksen
jonka yrität unohtaa näissä liukkaissa tuoleissa pysyäkseen
pitää ponnistella

munakello yhdeksän minuuttia pasta al dente
elämän mittakaava 1:24 kaikissa rajattomissa kaikkeuksissa
ikävän konfetit hilsettä x:n suhde y:hyn? netto 1200 euroa
lauantaiyönä elvytysrytmi 30 painallusta kaksi puhallusta
kymmenen alkuainetta lattialla katkera kapea orjamieli

voimakas itku punainen pu nainen pun **ai** nen pun aine n
koeta ajatella jotain muuta reki st eri num ero ita s anal **ei** kkejä
veden osuus vähenee välilevyt kuivuvat
kaivonkatsoja ei löydä taipeen vesisuonia
jäät kuuntelemaan kosteiden pahvilaatikkojen kuolemaa

grillaus on isännän hommaa
sinua pitelee pelote teipit eivät pysy leuka putoaa vanhuuteen
tylsäreunaisesta ei ole enää inspiraatiokuvaksi runkkareille
omaperäistä intarsiaa alaviitteissä puolivälin eksentrikko

OLETTE JONOSSA

29

Hän herää Tapion kämmeneltä
aamuhaukan kireään lauluun.
Nostaa päältään yhdeksän kirjottua kantta,
aamiaisenaan muna ja polvi.
Inarijärvi, kalliojumalat alkumeressä,
napanuoristaan kiinni rantapuissa.

Kaikki on pyhää, muttei mikään tärkeää.
Niin rakasta, täydellisen yhdentekevää.

Pitämyspuun hiusnauhat
Pihlajattaren lempipunaa.
Hongassa iltalintu kehrää,
nokkii kunniavierasta,
kallosielua.

Hän, entinen ritsa, pieni ase,
sanojen ja sanomattomien vartalo ilmajuurilla.

YLIKYPSÄÄ PALVEA

Ulkona ei mahdu seisomaan koko pituutensa arvosta. Siniharmaat, fosforinauhalla kantatut pilvet kävelevät turvonneilla jaloillaan ihmisten päällä. Migreeninen neste sätkii suonikohjuista. Keltaisen talon katto kasvattaa tummanpulleita sammalsaarekkeita. Lempivärejäni, joita en koskaan käytä, sillä säästän niitä tärkeämpiin hetkiin, joita ei tule. Tai, joita en osaa tunnistaa.

Kärsin universumin kanssa, muttei minusta ole läheskään kaikkia, tuskin ketään, edes itseäni, parantamaan. Eihän kananmunakaan pysty vaahdottamaan kuin vain vähän itseään enemmän.

Nielen anjovisfileet kokonaisina. Ne ovat pieniä ja liukkaita, osittain jo mausteliemeensä sulaneita. Jälkiruoaksi nautin terveellisen mansikkajogurttini, joka on pelkkää sokeria. Vihaan sokeria, sillä se saa ulosteeni haisemaan paskalta.

Koira kaipaa hyväksyntää. Sen suuri suu on sisältä monivärinen taideteos tai pitkä punamusta halli. Kummasti koira on aina kiva, vaikka raastaisi koko talon tienoineen täytteistä tyhjiksi.

Peilissä olen vatsastapuhujan nukke. Peili on paatunut. Vaikea sanoa, kenen todellisuutta se näyttää. Menen pois sen edestä, enkä tiedä, onko se itsessään mitään. Tai minä.

Ihmisiltä vaaditaan tuntoa keskeneräisyydestä. Koko ajan täytyy olla työn alla. Odottelemassa. Vanheneminenkaan ei

pelasta siltä, sillä ylikypsä autiotalokin on keskeneräinen.
Jotain, mitä ei vielä ole ehditty purkaa, vaiheessa.

Kymmeniä vuosia odottelin itseäni, sillä minun käskettiin
kaivata jotain soveliaampaa. Pienempiä suupaloja. Hengailin
huudeilla astumatta sisään. Raaputin pintaa paljastaakseni
ydinolemukseni toimistohuoneet ja näennäissiistit salit, joita
pidettiin mielellään kylminä. Kuorot huusivat: "Olet pelkkä
esitys."

Pian, lähiaikoina, näillä hetkillä,
tunnen sen niin, että tiedän,
uskallan lopettaa käskemiseni,
ja olen
tämä sama,
ne kaikki,
ja ihan täysi.
Valmis.
Läikyttävä.
Läpivärjätty.

Olen se, joka
olen aina ollut.

KAUTTA LÄPI KUVA

olen kuullut oman ääneni
raakana
puisesta kaikukopastaan

en ole ääneni

kun luuni vielä olivat tiukasti
päällystetyt
kuin kirjat kontaktimuovilla
emäntäkoulun parhaat sääret

silloinkaan en ollut kehoni

päivittäiset 50 000 ajatusta lävistävät
minut kerralla

en ole yhtä ajatusteni kanssa

minulla on avaimia paikkoihin
ovistoppareita
lempinurkkauksia

en ole omistaja
enkä vuokralla

en ole kuokkavieras
en kutsuttu
en kukaan
mutta kaikki
enkä missään

vaan kaikkialla

kerralla kaikkialla
laajentunut
kutistunut

AIKUISUUS ON TAPPAVAA

Hota-pulveri teki niin lempeästi meistä
amfetamiiniriippuvaisia. Saimme
vapaasti leikkiä itselläni. Painostus alkoi vasta myöhemmin.
"Mene puistoihin, hanki kavereita, ole kuin muutkin ja lopeta
se itsesi räplääminen."

Seisoimme takarivissä, sillä auta armias, olimme komeita,
mutta aikuisena ymmärsimme olevamme siellä,
sillä se oli paikkamme ja seurausta asemastamme,
joka oli epämääräinen, asymmetrinen, huonosti
tunnistettavissa,
mutta ehdottomasti
kiinnostavinta meissä.

Ymmärsimme, että Jobilla oli jo uusi vaimo ja uudet
lapset sekä kolmio, jossa keittiön ikkuna ei
auennut, sillä vesikraana oli edessä.
Jos emme parantuisi pienemmiksi,
meidätkin helposti korvattaisiin
vähemmän hankalilla.

Kämmenten kuppikivistä livoimme
pyhää vettä, samalla etsimme
kipeimpiä kiviä kivitykseen.
Puhalsimme seuroissa sakraalia savua,
kotimatkalla kaiversimme
kauniille kasvoille kostomme.
Auttavat kädet
halpoja teleskooppivarsia.

Vietimme elämämme perumalla tilauksia,
joita emme olleet tehneet.
Uunin löytäminen oli helppoa,
sopivien uunipeltien vaikeaa.

Nahkamainen gyozamme
ei ollut Niilin hedelmällinen puolikuu,
vaan karhunraudat.

UNOHTAMISEN VAIKEUS

Miten erilaista kaikki

riippuen siitä,

oletko vasta lähdössä

vai

jo palannut.

Takaisin päin tullessa

tuttu reitti

ei ole enää

sama reitti.

Ihmisen on helpompi lisätä kuin ottaa pois.

ALAKULO

Rikkoutunut eteisen ikkuna oli sirppi ja valtimoiden vihollinen.
Frotee oli hyvä imevyytensä vuoksi.
Verinen kangas piti laittaa heti kylmään veteen likoamaan.

Hän tyhjensi itseensä 330 millilitraa vahvaa vihreää teetä.
Se auttoi keskittymään,
sillä myrkytyksen kourissa oli vaikeaa liikkua luontevasti.
Lihotti itseään kisamakkaroilla, vaikka tärkeimmät
pikataipaleet eivät koskaan kulkeneet hänen maittensa halki.
Istui tyynyjen päälle lukemaan jokaisen Koti-alkuisen
aikakauslehden. Niissä oli melkein kaikki, mitä hänellä olisi
tähän ikään mennessä pitänyt jo olla.

Hollywood, Bollywood, Nollywood,
aina eniten K-draamaa,
jossa ei koskaan päästy pikkuasioiden yli
tai itse asiaan.

"Voiks sä mennä helvettiin siitä",
mies ja lapset toivottivat.

Hiekkakuopan hienossa hiekassa lintujen jaloista
nuolenpääkirjoitus. "Back Off."
Polun laidalla kukkivat vyöruusut ja ruusufinnit.

Kaikki pyrki anoi valui,
lasi takaisin hiekaksi,
hiekka kallioperäksi,
törmäykseksi,
magmaksi,

65 kilometriä maan sisään.

Mihin helvettiin hän oli menossa?

Jos aikoi pelastaa itsensä hukkumiselta,

ei ollut aikaa puhua aikeista.

SUNNUNTAIMAKKARA

tarkkailen laiskaa
paksua puhettani
sanavalintoja
kielen liikkeitä
symmetrisiä reagointeja
ajatteluni pienuutta ja kuuroutta
näköesteitä
kaikea sitä joka tuppautuu
valaisee vain tietyn kohdan

ulkona yhteen asentoon
ruostunut taivas
ruumiistaan avatut teroitetut riimut
koko aukeaman sairaat mallit
unet ajoilta ennen
lauantaimakkaraa

kärpänen näppäimistön kortteleissa
kirjain kirjaimelta
etsii tietä ulos
pienet siveltimet tummat tukat suittuina
kaipaavat
sanojen manifestoitumista teoiksi

haluan puhua
mankeloiduin lohdun tuoksuisin
sanoin
pitkälle yöhön

sileä tyyny
joskus tuhma
muttei koskaan ruma

SOTAORJA

halkaistu maitotölkki täynnä yöllistä astmaa
lapsi selän takana tivaa
miksei siitä voi
muovailla pitkäkaulaisia sauropodeja
seinällä valioruusukkeet, sertifikaatit, muotovaliot

toinen toisensa alla kerrotaan, lainataan, syödään kukkivia
kaalinpäitä
Alleja nimijuhlissa juuri synnyttäneillä, välit poikki
suvunsukuun, kuusimetsään, maitorekeen
huomisen jälkeen jo eilen käsien kansissa
sukupuutto
kuiva kostea sairaus, mielen psoriasis, ikävä on viilto keskellä
vatsan reunojen pyöreä rupattelu. kylkisiivut
kaikki kelvottomiksi käyneet
lyhyt pitkä tauko lyhyt pitkä pitkä lyhyt tauko lyhyt lyhyt pitkä
tauko lyhyt pitkä

reikien päällä ompeleita, huulia, tyytyvien, tietämättömien,
tuskaisten uskomuksia
linjan takana konekivääreitä
rotupuhtaat huumatut
tip tip tip
rei'ittävät rintamakarkurit joulunauhaan. joukkohautaan
RATATATAA
taivas räkii mustiin laastiämpäreihin
juottokaukaloihin valuu. liekkejä
pihalla vino puutarha valuu pois

lesken laulussa laiha lintu

kun suru tulee. kipu kantaa
hymy on pelkkä naru
Larin Paraske silmissä kova vesi. arvoitus
kädet rukouksetta ristissä. ainoa lepo. läheisyys

lapsen selän takana seinä. kivi
seinällä kuollutmeri, kaskiviljely, kulkutaudit, kauhu, kuolema
tiesuola täyttää alakerran

OUT OF ORDER

Olemme kriittisiä,
eikä tiedostava kolmas silmä yllä
haistamaan hyväuskoisuutemme makeaa.

Olemme yksilöllisiä, ainutkertaisia persoonallisuuksia,
joilla on kaikilla sama asu, sisustus ja ajatukset.

Olemme kykeneviä valitsemaan
vaihtoehdoista,
jotka on eteemme valmiiksi valittu.

Olemme vapaita ohjelmoinnista
ja joukkohypnoosissa.

Olemme aktiivisia ja kiireessä,
tekemättä mitään.

Olemme yhteisen, yhdenmukaisen
valaistumisemme sokaisemia,
tänään oikeassa.

Koskemattomia,
täynnä sormenjälkiä,
poltettua kumia.

Joku tahtoo meille hyvää,
useampi tahtoo meiltä jotain.

Meillä on helpompaa kuin koskaan,
mutta paljon vaikeampaa kuin ennen.

Avoin aukko,
josta päivän täytteet on työnnetty sisään,
tulehtuu helposti.

NIITTIPISTOOLI

jo ennen sitä kohtaa kohtaamista
tapahtui jotain
mikä ei hetkessä hetkeen auennut
väärän sallimisen turnajaiset tylsyyksissäni leikkinä
kuin kaksi palaa levystä lahja lupaus

hyvät harvinaiset hetket hämäävät haraavat
helmasynti hoivaaminen huolenpito
haaste on varoitus
jota en usko
röyhkeys ottaa valtaansa
lumoava
ja jään katsomaan

kivi lentää ikkunan läpi
yhä ihmettelevän selän notkoon
jossa aikuisten animaatiot heijastuvat
ja on puukko

yritän enemmän
vaikka pitäisi
yrittää vähemmän
ja välittää enemmän itsestäni

kaikki tapahtuu jollekin toiselle
minuttomalle
ja toinen tottuu
kipeään liian nopeasti

vuosikymmeniä myöhemmin

yhä pelkään
etten olisikaan ollut tarpeeksi rohkea
kun ainoa oikea on alussa vaikeinta

järjetön jälki jää
kun aina pitää jäädä katsomaan
se viimeinen niitti
ja se tulee

PITKÄ ILLANSELKÄ

Sinulla kului koko loppuelämä
yrityksissäsi
selviytyä
koti- ja kouluvuosista.
Sinut täytettiin omenoilla, leivällä, sipulilla, voilla.
Olit kiitospäivän kalkkuna,
valuit laimennettua verta,
salvialta tuoksuvaa mätää.

Öisin myöhästyit tunneilta,
alaston vartalosi oli täynnä trigonometriaa, vektorilaskentaa,
muttei yksikään todennäköisyys ollut puolellasi.
Tyhjännauramisesta, perjantaikikatuksesta
jälki-istunto, rikosrekisteri, eikä kukaan voisi koskaan sellaista
rakastaa.

Vain pieni ero
koossa ja sijainnissa,
kauneuspilkku kirkui rumuutta.

Kätevän läpipainopakkauksen takana
olit tiukille kääritty sätkä, taisteluhansikas,
hikipinkopahvi,
joka tottumuksesta teki aina liikaa, parhaansa.

Kirjojen väleissä ei ollut rahaa.
Illoissa enemmän selkää kuin saunaa.
Makasit sikiöasennossa pöydän alla,
kaalinlehdet köytettyinä säärten avohaavojen päälle.

Nettoihmisestä vähennetään persnettoon asti.

VÄHÄN NYT PERSPEKTIIVIÄ,
STANA!

Kirottujen manipulaatiohoidot,
pöydällä klassinen vihreä luuvalo osoittamassa kohti
hapettunutta ammattietiikkaa.
Tärkeintä olisi saada nöyrä tunto
palaamaan luutuneisiin, liikkumattomiin selkänikamiin.
Ylläpidetään psykologisella manipuloinnilla
käynnistettyä hapanta etikoitumista siihen asti,
kunnes suola kiinnittyy nesteestä kurkkuun.
Varmuuden vuoksi tuetaan perintösynneillä ylikuormitetulla
omallatunnolla,
sillä itseaiheutetut rikokset eivät aina riitä ehdottomaan
tuomioon.

Avan joulukorteissa on tänä vuonna kelium-fontti
symboloimassa modernia paatosta.
Your gospel is going to kill your children.
Anaalia ja aatosta.

Katkerat saunatontut kerubeja, paljaat pippelit
valkoisen parsan nuppuja vartioimassa talonväen moraalia.
Aivopestyt jynssäämässä syntisten jalkoja,
jottei lattialle jäisi jälkiä eksyneiden seurattaviksi.

Avan mies saa entiseltään
joulun parhaan lahjan,
Pirellin kalenterin.
Avan miehen entinen saa nykyiseltään
nännipihojensa pikkupalleille polvilleen

kierukkavaivaisen nöyryytyksen,
eikä kaipaa enää kuin Morellin lääkkeitä.

Ave Maria.
Save Maria.
Saman päivän rukouksia.

HARHAA JA LUULOJA

51

Minulla on niin monta tulkintaa itsestäni,
enkä tiedä,
kunnioittaako niistä yksikään
alkuperäistä,
joka on mennyt,
vielä tulematta
tai jossain alaston.

Voinko ilman äärimmäistä,
kolmatta koetusta,
tietää,
olenko liikennepaon uhri,
yliajaja
vai juoksubensaa?

IHMETYS

taas tänään kävin taulut läpi
vatupassin kanssa

olin valmis lähtemään

silti
amalgaamien viipyilevässä valossa
köyhät perilliseni
näkevät lukea vielä pitkään

MINÄ

pilvistä tulee helposti vuoria

murehtija katsoo itseään

ILOSANOMA KAIKELLE KANSALLE

Resurssit ja reservit
installaatiot ja karikatyyrit
hahmot ja tuotteet ja projektit
kyydeissä kaupoissa kaduilla kodeissa
kertausharjoituksissaan
karsinoituna kuullotettuihin liemiin
mankeleihin
masennuksiin
mataliin mielentiloihin
joiden korroosioaukkoja ei saa yrittää itse tilkitä
tai lapiolla luoda lantaansa
eikä kukaan voi ymmärtää
kosteita kruununjalokiviä
kuonoja
ihmisen kärsimyksen vertauskuvia

vain laillistettu lääke
lievittää lohduttaa
laskee lepoon
laulaa

lal lal laa
la
laa

LOHDUTTAVA TARJOUS

Leuassani matkakokoinen suu
terassina sanoille jotka
levittävät vieraat varjonsa
annosteni koristeiksi

Kuluneet junat
kiertyvät kaulani ympärille
kuin vanginvartijani sormet

Ravintolavaunun ylihintaiset tuotteet
kuivumassa kuviksi kiinni vitriineihin

Yksittäisten puiden teroitetut siemenet
väkipakolla silmiini asennetut
alkavat rehevöittää köyhäksi
vanhempieni lasta

Poimin paitani
punaiset pallot
pieneen pussiin

Pellen rooli
sentään halpoja kaakaomanteleita

KIPEÄ KUDELMA

Pelkoni on,

että joku

tarkoituksella tai tietämättään,

hyvällä tai pahalla,

onnistuisi

toteuttamaan fantasiani.

> Niiden on tarkoitus jäädä vain
> yksityiseen viihdekäyttöön,
> sillä toiveunissa usein,
> jotain sattuu,
> ja minä olen pasifisti.

OSA

57

Aamu on kellastunutta kalalankaa,
häpeilevä kahden hengen päiväpeitto,
raskas ja hankalatöinen,
epämuodikas,
mutta liian kestävä.

KERROSTUMA

rauhassa
yksi asia kerrallaan
kasvava
kuin New Orderin
"Blue Monday"
varovasti nostaa päälle
läpihengittävän
uuden kerroksen
joka sekoittuu vanhaan
joskus yllättävästi leviten
kuin vesiväri kostealle paperille
väleissä pieniä pullistumia
kohokohtia

VAIHTELEVAA SÄÄTÄ

Ihmiset vetävät itsensä

kokonaan ulos,

eivätkä saa enää

tasaisesti täytettyä tyynyä, lepoa, rauhaa,

kun koko ajan pitää

kysellä,

miten minussa tänään voidaan.

LUOVUTA JO

nurkassa varjonyrkkeilyvälineet
    ilmakitara
        ottelupalloja
            hattutemppuja

vain olin ja koko maailma tuli luvatta sisääni

surullisimmissa silmissä oli vielä kirottua toivoa

ROITTI

61

olen kevyt kangas

kuluvat
kulutetut
kuluttavat
päivät ompelevat minua
väärin säädöin

kireä lanka
vetää ryppyyn
neula katkeaa

kaatopaikalle ei saa enää viedä tekstiilijätettä

LAMMASPAISTI

ihminen on kuvioita
jotka ovat
lomittain
limittäin
ketjussa
usein päällekkäin
niin että vain uloin näkyy
josta aiheutuu harha
että ihminen olisi yksi

ihminen on vuodenaikoja
säätiloja
sato- ja katovuosia
kausimakuja
eikä pitkää juhlatonta aikaa
aina seuraa kekri

KAIPAUS ON PITKÄ KULJETUS

63

hekin,
jotka eivät ole
merta nähneet,
kykenevät sitä ikävöimään

JATULINTARHASSA

64

Hänen suustaan tuli ulos sormuksia ja kaulaketjuja,
korupuhetta.
Runsaat malmiesiintymät sotkivat kompassini,
ja vaikka hän tuoksui väärältä,
lähdin rannalle,
käräjille kivikehän keskelle, enkä
tanssinut enää tietäni ulos.

PUHALLUKSESTA KOTIKUTOISEEN

Puhalletuista mielipiteistä
rakentuvat askelmat,
joilla huojuvasti yletän.

Yöt vaihtelevissa säissä. Kellukkeissa.

Vahingossa,
väkisin,
varoittamatta.

Tyhjenen.

Sätkin seinissä.

Tilaisuuden tajuamista seuraava tietoisuus.
Revityt räsyt.
Kirjava kudos.
Kestävä, kaunis, kotoinen.

Uusivanha tukeva minä.

VOIDELTU K(U)R(J)ISTUS

Painopiste vähimmäisosaamisissa,
joita yhteiskunta edellyttää kansalaisiltaan,
alamaisiltaan.

Nopeasti mittavia uudistuksia,
jotka tarkoittavat velvollisuuksia:
hakeutua
suorittaa
esittää
täyttää
olla.

Tarvittaessa ohjataan
palveluiden piiriin ja
seurantaan sekä
paistopisteille,
ehkä jopa
vankeuteen vankeudessa.

Ehdot.
Kertaaminen.
Sanelu.
Ulkoaopettelu.
Jälki-istunto.
Luokalle jääminen.

EN USKO PALJON MITÄÄN

67

tämän ajan katalogi
kiiltokuvia

joiden hileillä
maalataan silmät
loistamaan pimeässä

PAKKASENKESTÄVÄT

äidin tähtipää
niin kiltti lapsi

on seitsemäntoista
yllään virkkaamansa haaveet
kiiltävillä lauluilla maalatut pinnat

äidilleen pyöristynyt kuusiokoloruuvi
avaamaton
arvaamaton
käsittämätön
paikaltaan poistumassa

vakioruuvi jää terassille katsomaan
Calluna
Hopealanka

ARMOTON

69

Olemme liikaa toistemme armoilla,
eikä meillä ole enää metsää
suhteuttamaan,
säilyttämään ydintä.

MIKRONEULATTU

välivuodet välivuodot vaihdevuodet
valtavasti vuosia
juoksutusraipassa
raippaverotettuna

ennen vanhuuden valuvikaa
raajatonta liskoa
vaskitsaa

HEVOSHULLUUS

1.

Linnut täyttivät täällä velvollisuutensa ihmisten tavoin.
Rakensivat pesää, lisääntyivät, ruokkivat poikasiaan, söivät
toisten pikkulintujen aivoja, kävivät etelän lomilla ja palasivat
kiukkuisina ja tautisina takaisin kotiin. Täällä linnut tiesivät
kymmeneltä koittavasta yleisestä hiljaisuudesta. Oli otettava
huomioon, että jotkut halusivat nukkua. Jotkut halusivat aina
nukkua.

Hän ei ollut koskaan elänyt kiireisen ihmisen elämää, ja se
hävetti häntä suuresti.

Ennen talkki oli tuonut mattapinnan naiselle, jonka ei ollut
perinteisesti suotavaa loistaa liian kirkkaana. Nyt sen saman
puuterin pitäisi peittää aiheuttamansa ihovauriot. Hän valitsi
ikäiselleen sopivia sävyjä, kuten mullanruskeaa, hautakiven
graniitin harmaata, sukkahousujen beigeä, ja mietti, miksi
elämässä piti aina olla varovainen.

Häntä panetti, eikä se tuntunut sopivan yhteen sen kanssa, mitä
ja mikä, hän nykyisin oli.

Pankista soitettiin vakuutuksista, jotka suojaisivat häntä
kaikelta pahalta ja hän tulisi elämään ikuisesti ja saisi syntinsä
anteeksi, eikä yksikään hevonen enää tulisi sotkemaan hänen
olohuonettaan, jonka hän oli sisustanut toisia varten. Ja jos hän
ottaisi kaksi vakuutusta, kaupanpäälle tulisi pellavainen
pefletti, joka oli vähän kuin järjen ääni ja kuolemattomuuden
salaisuus.

Nainen pankista oli robotti, joka oli ohjelmoitu jatkamaan
loputtomiin, eikä tämä ymmärtänyt, ettei ihmisen pahin ollut
hänen kuolemansa. Pahin vaati aina henkiin jäämistä. Pahin sai
toivomaan, että olisi itse kuollut.

Keittiön ikkunassa pää alaspäin sekoilevan kärpäsen silmät
olivat pään kokoiset. Se oli juuri ulostanut kulhossa olevan
vihreän omenan päälle. Jos Sokrates II olisi yliopistolla
vetämillään "Johdatus filosofiaan" -kursseilla määritellyt
kärpäsen omnipotentiksi jumalaksi, kaikki olisivat uskoneet
miestä, jonka hiukset olivat kasvaneet kiinni partaan. Historia
todisti sellaisten miesten viisauden. Miten elämä
muuttuisikaan, jos kärpäset todella paljastuisivat jumaliksi.
Ihmiset olivat tappaneet ja kiduttaneet niitä laskemattomia
määriä kärpäslätkillä, raideilla, aamutossuilla, päivän lehdillä.
Ripustaneet tarrateippejä navettoihin. Käyttäneet sähköä.
Käynnistäneet tuulettimen ja virittäneet sen taakse
sukkahousut.

Oli satanut kuusi päivää, ja kaikki alkoi liueta veteen. Kun iso
tulva pian tulisi hakemaan ihmiset, jumalat heittäisivät
pelastusköysiksemme sähköankeriaita, joiden antama 650
voltin sähköisku olisi vain kohtuullista.

2.

Koko aamun hänen silmäpusseissaan kuljetettiin pikkukaloja
akvaarioliikkeestä kotiin.

Koiraskärpänen ei ollut päässyt tarpeeksi paneskelemaan, joten
se oli alkanut juopotella raskaasti. Seksuaalinen turhautuminen
oli tutkitusti terveysriski, alkoholismikin oli. Se katsoi hänen
edesvastuuttomia ostoksiaan ihailevasti. Ruusuja ja leivoksia,
sillä hän ei ollut kehdannut ostaa pelkkää olutta. Hänen äitinsä
valitti usein, ettei hänen vastuulleen voinut antaa ihmistä.

Luoja paratkoon, ei todellakaan. Toivottavasti vanhemmat muistaisivat tuon lupauksen vielä parin vuoden päästä.

Yöllä hän myi kolmelle prinssille patjat. Ensimmäinen prinssi osti pehmeän patjan. Mies ajatteli, mitä pehmeämpi, sen mukavampi siinä oli nukkua. Toinen prinssi osti kovan patjan. Mies ajatteli, mitä kovempi, sen iloisempana hän siitä aamulla nousisi päivän velvollisuuksiin. Kolmatta prinssiä pidettiin heikkona johtajana, sillä hän antoi alaistensa mielipiteiden vaikuttaa päätöksiinsä. Kolmas prinssi kokeili kaikki patjat läpi ja antoi jokaiselle mahdollisuuden, myös hänelle. Kolmas prinssi päätyi lopulta puolikovaan patjaan.

Ensimmäinen prinssi nukkui loppuelämänsä, sillä pehmeä patja oli niin mukava, ettei hän halunnut enää nousta. Toisen prinssin elämästä tuli sietämätöntä, sillä kova patja oli niin epämukava, ettei hän saanut siinä lainkaan lepoa. Kolmas prinssi nukkuu vielä tänä päivänäkin yönsä hyvin ja herää lumikon lauluun.

3.

Tänään hänestä tuntui turvalliselta suojata kankailla kaikki sykkivät paikat. Ihmisenmuodon ottaneita vampyyreja oli kaikkialla, eivätkä ne tulleet koskaan kylläisiksi.

Ex-kumppani vei hänet italialaiseen ravintolaan, joka oli pelkkä tavallinen pitseria. Se oli perustettu heidän vanhan kantapaikkansa tiloihin. He istuivat uuden ravintolan vanhoille penkeille toisiaan vastapäätä. Tuntui kummalliselta, että uudessa ravintolassa olivat entiset rikkinäiset huonekalut. Vanhassa ravintolassa ne eivät olleet häirinneet, sillä ne olivat kuluneet yhdessä heidän kanssaan.

Hän näki seinältä poistetun taulun. Siinä oli ollut vanhanaikaisia naisia hattuineen. Kaikki kauniisti laitettuja, rauhallisia ja lempeästi hymyileviä. Sellaisia naisia ei tässä maassa ollut enää montaa, ja siitä hän oli pelkästään kiitollinen. Modernius sopi naisille. Taulun poistamisesta syntynyt uusi kuva ei ollut muuta kuin ympäröivää seinää puhtaampi kohta. Piilossa oleva pysyi esillä pidettyä ja käytössä olevaa aina vähän puhtaampana, mutta oliko puhtaus lopulta kummoinenkaan hyve. Sehän oli liikkumattomuutta, ikävää, ehkä häpeääkin. Usein neuroottisuutta ja ajan hukkaa.

4.

Entiset jumalat, Dostojevskin jumala mukaan lukien, olivat hautautuneet omaan mykkyyteensä ja ylimielisyyteensä. Tilalle oli tullut uusia jumalia, joita ihmiset palvoivat sosiaalisessa mediassa. Meditoivat heidän kauneuskertoimin ja suodattimin käsiteltyjen jumalkuviensa edessä. Osasivat ulkoa heidän kolmen sanan rituaalitekstinsä.

Uudet jumalat olivat kaikki ihmisiä, jotka tunsivat olevansa liian tärkeitä loppuakseen. Pilkatessaan jumaliaan, seuraajat samalla kunnioittivat heitä. Hävetessään jumaltensa puolesta, he samalla ihailivat heidän röyhkeyttään ja julkeuttaan. Tämän päivän jumalat näyttivät kaiken. He eivät tarvinneet vertauskuvia tai vaippoja. Ja mikä parasta, kenellä vain oli mahdollisuus tulla seuraavaksi jumalaksi.

Hulluuden leikkibisnekset, joissa käytettiin sikaflexiä ja epoksiliimoja, inhottivat häntä. Parantamisen kirjekurssin käyneiden, saumoistaan oikeamielisyyttä tihkuvien korjaajien, eheyttäjien, suoristajien ja manaajien hullula oli paikka, jossa sairaat hoitivat terveistä itsensä kaltaisia. Hullulassa oli sivistyneen oloista, selvästi artikuloitua puhetta, joka kesti pitkään ja takertui kuin purukumi hiuksiin. Siellä avarasta tehtiin ahdasta, sillä pienessä tilassa ei päässyt eksymään, ja

74

pelkän ehtoollisen voimin ei jaksanut paeta. Parantamisen vimma oli joskus sairauksista kamalin.

Yöllä tulisivat troikat ja karusellien hevoset.

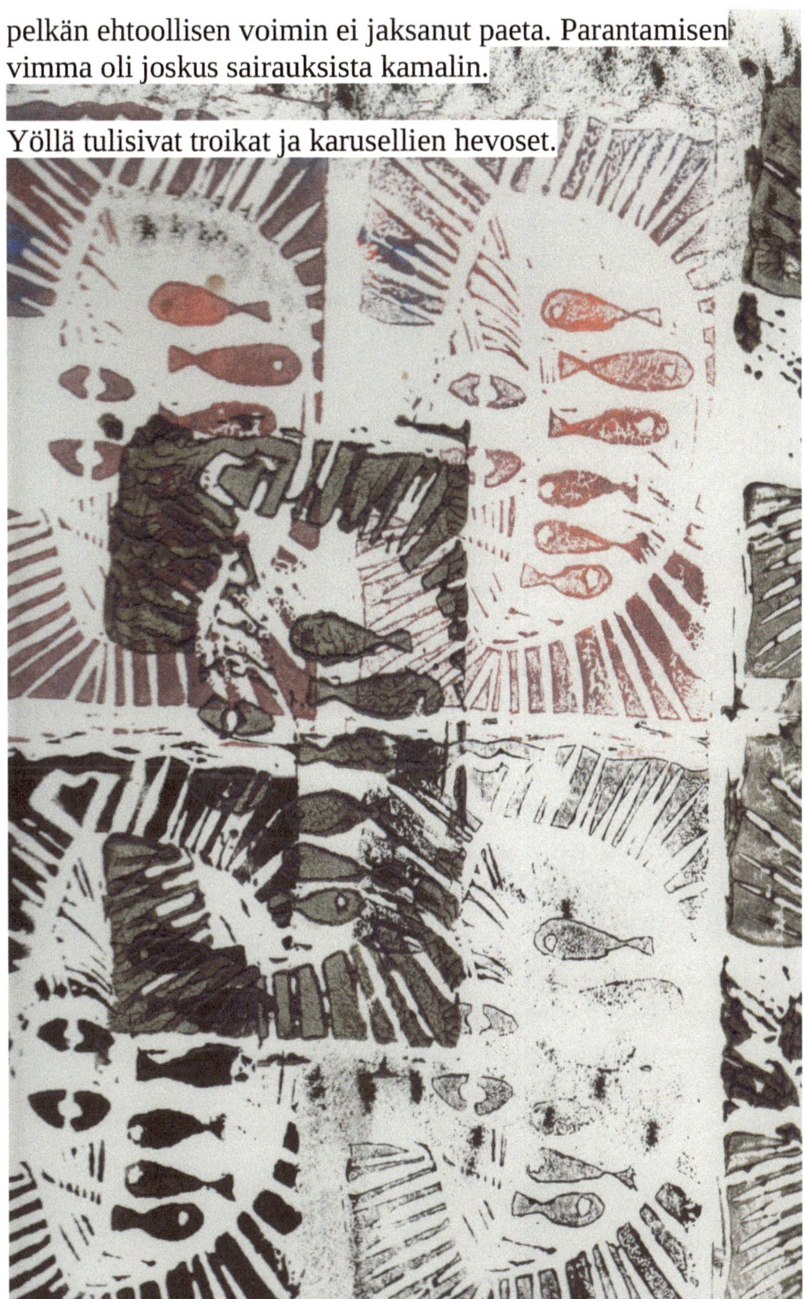

SUOMUHAUKI

tammikuu ja miehillä superspermaa
naiset haluavat yhä nauraa, miehet naurattaa
harhaanjohtajan paidassa lukee security
dead end exit monen lapsellisen lautapelin takana
kaikki asiat ovat viranomaisasioita, kanteluja, mainoskuvia

niin paljon
tunnollisia aiheuttamassa vaarallisia ohitustilanteita
ongelmia puoleensa vetäviä jääkaapin ovia
pois tieltä klikattavia laatikoita
tuplakeltaisia viivoja ilman näkyvyyttä
pienirintaisuudesta syntyvää pienituloisuutta

selvitäkseen pakko valita uskovansa Kalevalan kalavaleet
heilutella kitarisoja, supertamponin naruja
hankkia ummetuksen tiivis tulppa ja huulipuna sävy sävyyn
nännien kanssa

tässä mielivaltaisessa varoituskolmiossa
me kaikki päädymme näkemään
samat turistirysät

IHAN HYVÄLLÄ MÄ TÄMÄN SANON

puutteen varaan leikatuilla kaavoilla syntyneet
koskevat kuhaan vasta sen pilaannuttua
nokkivat toisten köyhien saumavaroissa saunavuoroissa
kotireitin merkiksi jätetyt leivänmurut
rinnan poskilla kauhistelevat hyvällä vain
vaimojen vihaamat niskoittelevat naiset

vartin huolihetket kohoavat pepitaliinojen alla
lämpimäisiin sulaneessa kovassa voissa uivat
kalvinistin kuiviin kupatut
synnin suolakalat

kukaan ei saa jäädä ilman
pahinta parasta pakkoa
mene töihin
tai tapa itsesi
vapaamatkustaja miehesi kukkarolla

olen sinun
huoltajasi
pitsireunainen
poltettu
karsinogeenisi
kuumalle pannulle heitettyjen lihojen ääni

kultakalamaljassa hait
uivat
yksimielisyytensä ympyrässä
käsipohjaa

PYHÄT KUPPARIT

torjutut appelsiinit lihavina myrkyistä miasmoista
paholaisen ihohuokoset
sykkivät kaiuttimet laukeavat propagandastaan

katolilaisäijät takahuoneiden munamessuissa
säämiskällä kiillotettu sädekehä aurinkovärjää kipeällä
violetilla
hiusdonitsi peräaukko suu samettia
haarukat puhkovat valmisaterioiden muoveihin reikiä

kaikkinäkevän silmän syrjässä
kyynel kertoo
montako
yksinoikeudella ylemmyydellä
tapettu
ilman isäsi leimaamaa lupalappua
pelkkiä murhaajia
eri taustaa vasten tähänastiset teot
pelkkiä rikoksia

jo liian kauan on tuullut etelästä
puut kutistuneet pensaiksi

enää vain myötätuntoinen viisaus voi pelastaa meidät

on uskallettava olla vihaamisen arvoinen
erimielinen
suostumaton
protokollaton

VAADIN

Vaadin kaikenlaista. Olin naispuolinen poro,
    neljä mahaa ja nopeaa luuta.

M ä r e h t i j ä, joka ei seisovilta jaloiltaan ehtinyt mukaan.

Olin puuttoman alueen eskimo, joka halusi haudata toisten
    toiveet kivien alle.

Olin täydellisen sivistymätön, eikä sivistymättömyyteni ollut
    yksityisasia.

Olin kova paikallinen kipu, joka provosoitui painettaessa.

        Ennen kaikkea,
        olin jättinalle, jolla leikkiminen oli mahdotonta.
        Seurani uuvutti ja olin kaikkialla vain tiellä.
        Hävittämiseni oli hankalaa, sillä olin
melkein elävä,
        enkä mahtunut kokonaisena roskalaatikkoon.

        Lopulta minut leikattiin auki ja tyhjennettiin.
        Minusta tehtiin talja leikkimökkiin,
        jotta lapseni voisivat leikkiä minussa.
        Mutta kuononi oli kova jalkojen alla, ja
        hyönteiset tekivät minuun pesiään.

KUN KONE EI ENÄÄ OTA VETTÄ

80

Molemmat tarkistamattomia siemeniä täynnä riskejä,
synteettiset päävärit verenkierrossa,
piirrettyjen suiden pielissä B-vitamiinipuutoksen paperiviillot.

Sukuelimet ja aivot,
iän surkastamat miedot kateenkorvat,
vain unien verran aktiiviset,

etkä enää
vedä munaa suuhusi heti,
kun joku kehuu kauniiksi,

pian panolahjakortit otetaan rahana.

SodaStream-pullon homeinen käärme sihisee,
kallioilla uroskyyt pitävät keväisiä seksijuhliaan.

Kaikki parisuhteet hajoavat loman jälkeen.

Hetken se on helpompaa.

PERUSKIVI

annostelemme dosetteihin sekaisin rauhoittavia ja piristäviä,
rikkaat
pureskelevat kultaa tarkoituksella heikennetyillä
kasvolihaksillaan
parmankinkut ovat täynnä merituulta, ja
luonnon äänitapetti selän takana irtoilee yläreunoistaan

on niin kuuma, että
luumut kiehuvat puussa, lakit
halkeilevat kuivina, koiran
hampaat lävistävät Super Tele -pallon halvan muovin

olen miekkalähetyksen lapsenlapsi, cruelty-free
esi-isäsi pakanoiden valkaisujoukoista, instant guilt-free

kakussa kynttilöinä palavat pianonsoittajan pitkät sormet,
mustaa
huumoria, maljakossa
kurjenmiekoilla katkotut kierrekorkkikaulat

Sikstuksen kappelin kattoholvissa sormi osoittaa
raukeaa syyllistä, joka
ei käännä kelkkaansa täydessä vauhdissa, murra
jalkojaan, ota takaa laskevia niskaansa

mieluummin jää rinnekoneen alle, ja
se tulee aina yllätyksenä, eikä
Betadine puhdista haavoja

juomme luumupuun tyhjiin

PERUSKURAA

Yön suomut portaikossa,
aamu nostaa pudonneet silmukkansa,
ääretön avaruus kutistuu ahtaaksi taivaaksi.

Kellarista leviää mätä tuoksu.
Pakastin on hajonnut, ja lapset alkavat sulaa.
Lisää pirtua patologien peijaisista,
myrkkyä pitkäituisista perunoista.

Mikään ei ole niin tuskallista kuin tiivistäminen,
nakatun lamaannus pöydällä,
kun valurautaiset kirjoituskoneet,
pulsaattorit
pieksevät ammoniitiksi.
Traumaattisen kiintymyksen
tuttu turva,
hyväillään oranssilla vasenkätisten Jonseredilla,
kyyneleet kuivuvat tuhkimotipoiksi.

Elinten marssimurtunut kampakeramiikka,
palvelukset valtion väkivaltakoneistoissa,
metallikyntiset hirviöt
viiltävät ohuenohuita
Teppanyaki-grilleihinsä.

Kiinalaiset turistit eivät saa tilaamiaan
revontulia,
kun taivas ei tottele,
se kuljetetaan
torille tapettavaksi teloitustyyliin.

Kiihottuneet jumalat tarkkailevat julmia yksityisiä
huoneitamme
kurkistusaukoistaan,

sillä pojat ovat poikia,
eikä sota ole vain museo.

ILMAISET MYYNTITILAISUUDET

hymystä salpautuu hengitys kun
saatana saapuu huoneeseen
jossa on sähkötoiminen tuoli
joka ei ole pelkästään sähkötuoli ja
tilkitsee pako-oven syyllistämiskakalla
jossa erottuu teennäistä kauhistelua seuraava
painostus punaisina puolukoina

sinut istutetaan säilöntäaineisiin
ja puuduttaviin geeleihin
jotka on valmistettu antimateriasta
sekä totuusseerumista
jota ei kiinnosta totuus
ei sanasi
etkä sinä

harkinta-aikasi on kortilla ja
itse olet tapetilla

menet tilausansaan
väsymyksestä
pettymyksestä
säälistä ja
nyt sinulla on
lomaosake
romanssi
vuoden rasvat ja
illalla yllätät aviomiehesi kovalla kalullasi

YLIREAGOINTI

85

vaaraa ei missään

      molemmat vain pelästyivät toisiaan
      liittivät väärät määreet eleisiin

ja jälki on rumaa

HURRAA HULLUUS

pitkälle viedyllä epäloogisuudella
jäljittelemättömällä omituisuudella
pystyy hämmentämään

myös tekoälyt

ja päihittämään ne

POISSA PAIKALTAAN

87

kai kummitukset tulevat

vasta kuoleman kautta

näkyviksi

LUVATON LOMITTAUTUMINEN

Kutsut minua.
Pikkukukallinen hoidokki.
Lemmikki.

                  "Stay!"

Tulen jokaisesta rakentamastasi
                  kategoriasta
                  raamit, remmit kaulassa
ulos.

Miksi, miten
liikkumattomuuteni
on pistetty pantiksi
          järjestyksestä elämässäsi?

Kun juoksen,
haaveinesi hengästyt,

jokaisen luvattoman
          kiinniottoyrityksesi
              epäröimättä ilmoitan.

VAIVAISTALOSSA

tulin muistista haljenneena
kokemuksista kuivuneena
pelkkiin kiertoilmauksiin arvollisena

yhä ylipuhuin itseni
katteettomiin kattauksiin
lumeisiin
tuttuihin trikkeihin

uskomaan kertaluonteisiin julmuuksiin

LÄHELLÄ MAATA

Kukkapääkaupungissa sisustettiin muovikasveilla,
eikä sielläkään säästöliekillä eläminen
välttämättä johtanut pitkään,
saati hyvään elämään.

Vankilat ja kirkot olivat tyhjiä,
kun anteeksiantamattomimmat
rikokset olivat itse tehtyjä lahjoja itselle.

SYLILLINEN JA SIIPIVEIKOT

Tänään kaikki sudet,

korennot parittelevat lennossa.

Koira itsehoitaa ripulinsa syömällä
tuoretta hevonpaskaa.
Suon laidalla olevassa metallisiivessä lukee
"Liberation",
sillan alle on spreijattu
"Refugees Welcome",
mutta ne ovat vain yksittäisiä mielenilmauksia.

Aurinko on maltillinen sylillinen.
Huoltoaseman pihalla tavallinen kahvi,
sillä sen pitää olla aina myös rangaistus.

Edessä merestä leikattuja epävarmoja laattoja.

Narujalkojen päissä solmut.

Yritän selittää, ettei
minua kiinnosta rakennelmien,
vaan ympäristön,
erilaisuus.

Illalla tapaan sivistymättömiä sinkkuja,

kuten minäkin. Sisäinen
nopeusrajoitukseni 140 km/h,
vaikka vedän peräkärryä.

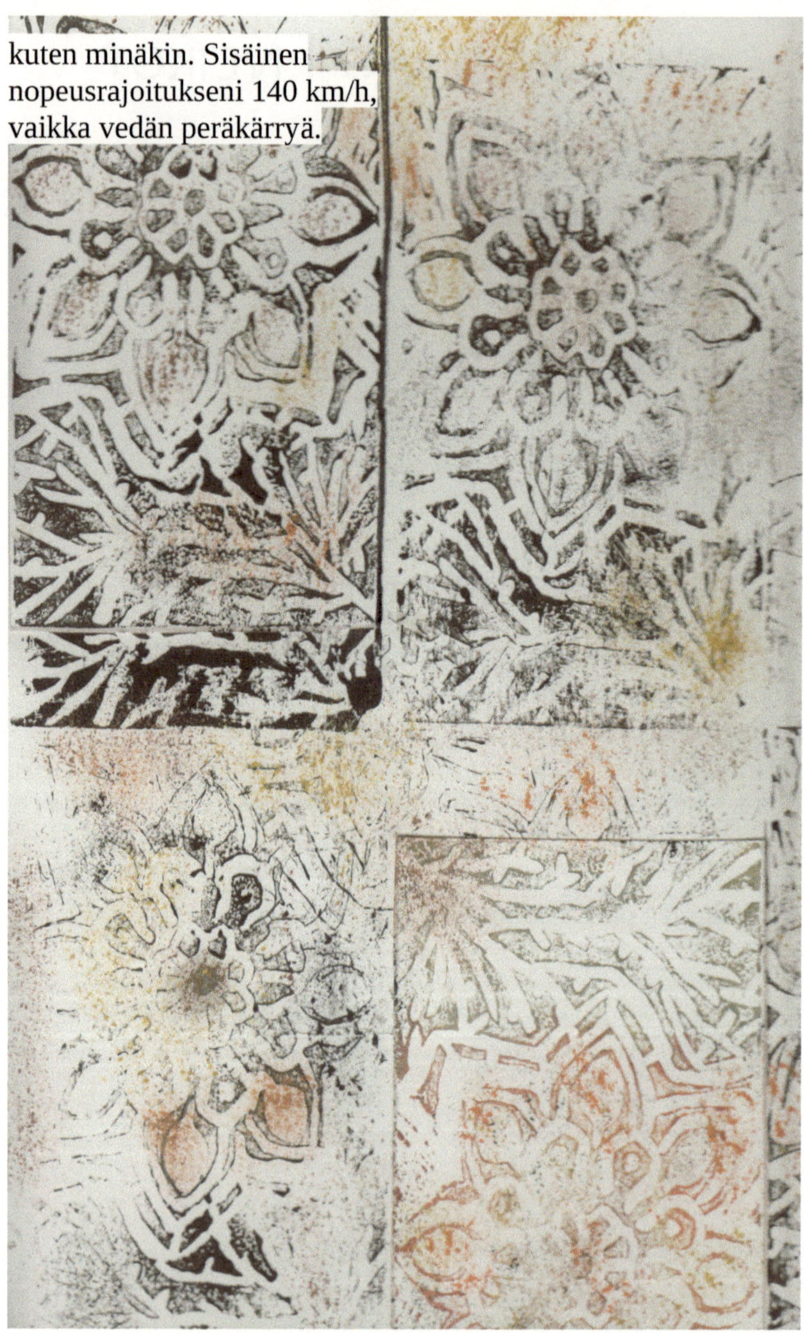

URHEILUKIN ON MASKULIINISANA,
JA OLEN ALASTI

Syntymän initioiman ikonin kainaloissa
kultainen Bocuse,
nollakoon laksatiivimuusat.
Ajatukset aatesuuntia,
vakavastiotettavia ansioilla ja aiheesta,
riittävästi.

Minusta jää huono pala paljaaksi,
koko pituudelta ei ole mitään.
Parhaana aseena ostettua kauneutta,
jolla ammun itseäni kynähameeseen,
jolla ei kirjoita,
eikä juokse.

Arvostat minussa nöyryyttä ja itsevarmuutta,
enkä aina tiedä, miten ne yhdistää seksikkäästi,
kun minulle kuuluvat mitättömät ja englantilaiset romanssit,
sinullekin kuuluu hyvää.

Hengästyttää. Viemäristä nousee tuntemattomia hyönteisiä.
Uuden talon harja nousee naapurissa,
sipulipussi valmistuu.

COMME CI COMME ÇA

Jotkut jättävät iäksi likoamaan,
toiset pesevät heti pois.

Alkuvalmistelut eivät takaa
loppuunsaattamista,
ja lavuaarista nostettu
jännittää taas huomenna.

LOPETUKSEEN KAKSI MINUUTTIA

95

rannalla olin vain minä
eikä kukaan katsonut aavojen tuolta puolen
meri ei puhunut eivät linnut eikä mikään minussa ollut
kaunista
ei ollut

valuin mereen
eikä se vaivautunut vastaan

se, että toinen
löytää itsensä,

voi hukata toisen

MIELITIETTY

tauluja ei pidä koskaan valita
sisustukseen sopiviksi
kompromissina
osaksi matalaotsaista kollaasia

niiden pitää vietellä itsensä mukaan

ja ihmisten

VEDENKANTAJAT

jotkut kävelevät vetten päällä
vakuuttaakseen muut ylivertaisuudestaan
mutta useammat seisovat vesipisteillä
selkä ohikulkeviin

kun toisten vesittäjät siittävät
lisää kaltaisiaan kusipäitä
joita kiinnostavat vain takareisien vesirajat
eikä suntista ole siirtämään nestettä virtsarakkoon

joskus vedenjakajat palmikoivat yöhiuksensa
joissa jakaus rajana
lähteä eri suuntiin

AVARA KATSOMINEN

tänäkin
vaikeana aamuna
nostan ja pudotan
rajoittavan paikan,
itseni,

kuvaan,
korkealle rannattomuuteen,

enkä enää näe rakennelmia,
sijoja,
viittoja,
astua sisään murheisiin

ULKOKESKIÖ

Jos olen se,
jolta kaikki kuulostavat,
kuka syö ruohoon pilaantuneet,
kuka oksilla lamppuina viettelevät?

Onko kuluva nimeni
yksilöllisyyteni nollaus
vai
monistunko
tuttuuden ja
turvallisuuden
tunteista?

RAKASTAT MINUA RAKASTAMALLA ITSEÄSI

Itselleen armolliset
pelastavat myös läheisensä.

ERILAISIA SEINIÄ

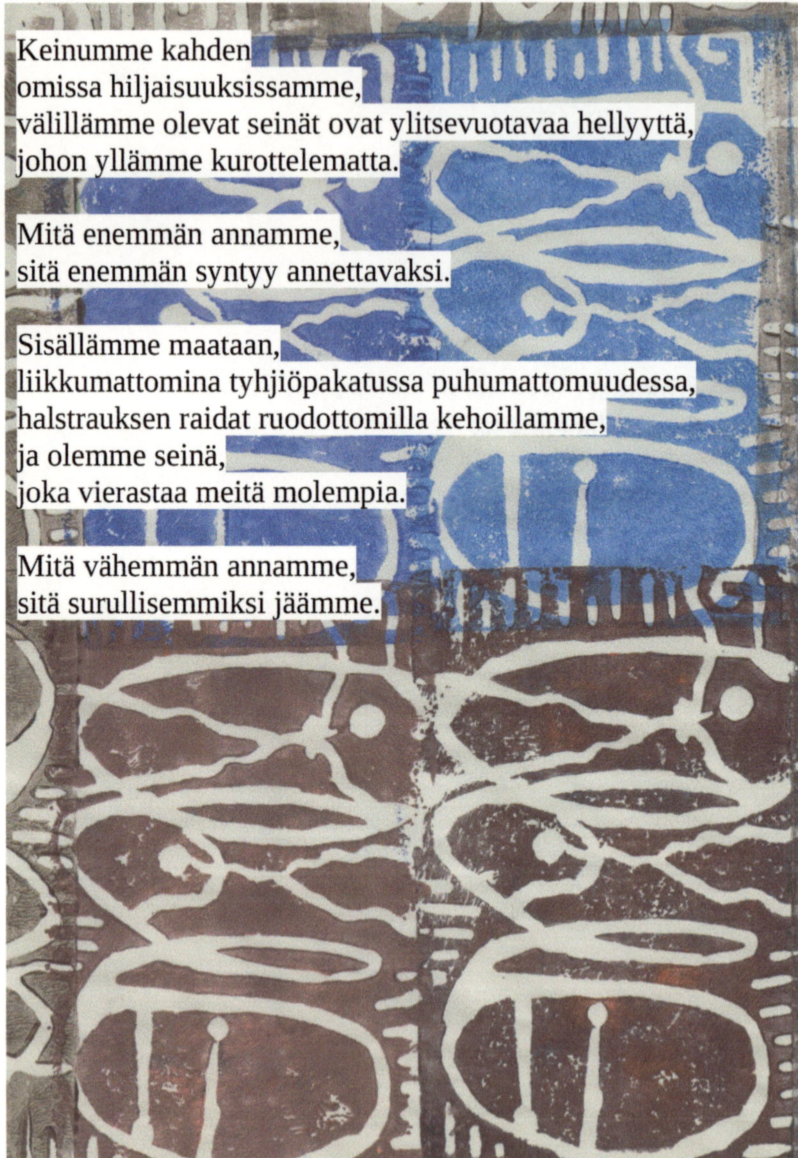

Keinumme kahden
omissa hiljaisuuksissamme,
välillämme olevat seinät ovat ylitsevuotavaa hellyyttä,
johon yllämme kurottelematta.

Mitä enemmän annamme,
sitä enemmän syntyy annettavaksi.

Sisällämme maataan,
liikkumattomina tyhjiöpakatussa puhumattomuudessa,
halstrauksen raidat ruodottomilla kehoillamme,
ja olemme seinä,
joka vierastaa meitä molempia.

Mitä vähemmän annamme,
sitä surullisemmiksi jäämme.

DIY

päälleliimatut
yltäkylläiset huulet
raaputetaan kuin tyhjät arvat

puolenvälin pakoaukko palauttaa punaiselle pisteelle
tulehdus tykyttää
valkoisen lipun valhe kaistale salaseuran veljeskunnan viittaa

tutut teemat toistuvat takiaiset tahmeat tahrat
jos niitä ei pelotta paineella pestä päästetä päiviltä
valitsemalla ase kuolemaan asti

MIKSEI SE TUNNU VAPAUDELTA?

104

Punaruskeat pikkulinnut
kiinnittyvät
itsensä värisiin tiiliseiniin.

Mihin minä,
saranoilta noussut,
korni ja lohjennut,
lasken lämpimät
munasarjani?

MANTELINPERIJÄ

SOOLOSOITTIMET
YHTEISKONSERTISSA

tarvitsin sinua olemaan samalla puolella
minun puolellani
syytettyjen holhottavien aitiossa
sisäelimiesi ympärille kiertyvien
puolustussanojen kullanhuuhdonnasta
vastuullisena
suukappaleena

loin sisäisessä jankutuksessa
pidennetyn helmineuleen
kasaan vetäytyvän pinnan
puikolle
jonka palaessamme työnsin
jaetun elämänpuutoksemme läpi

karismaattinen muistini
supliikki ryhmänjohtaja
turistibussin tarinoitsija
loitsija
istuintyynyksi taitettava vieraspatja
jota kannoin uusiin asuntoihin
vaatimalla eroa unohdusta
syötin kehoni
lohturuoalla

muistini
ulkoloinen
imi tuohtumusta
rakasti emäntäänsä
sairaasti
mustasukkaisena
tukahdutti
kilpakosijat

EIVÄT KAIKKI HALUA SAMAA

Joidenkin on
yllättävän vaikeaa
hyväksyä,
etteivät kaikki tunne tarvetta
nopeaan tempon vaihdokseen
tai tylsyydeksi nimetyn täyttämiseen,
vaan kulkevat ensin
käytävän,
joka voi olla vuosia pitkä
ja verhottu,
nurja puoli ulospäin.

SOPEUTUMINEN

Vaikka nukkumapaikkasi
olisi kuinka huono,
pikkuhiljaa löydät
tavan
nukkua siinä hyvin.

Ikävä kyllä.

DECEDO

Voimat lopettivat
kamppailunsa minussa
niin kuin menetetty
jätetään omaan rauhaansa.
Isä meidän taika raukeni
niin kuin tarpeeton
näivettyy evoluutiossa.

Jumala ja Paholainen
saman kuvaston
tuotemerkkejä,
housut ja vyö,
ilman toista ei ole toistakaan.

On huojentavaa olla
housut kintuissa,
reisillä
kyyhkyset,
käärmeet.

ITSEILMAISU

ei tarvitse olla hyvä tehdäkseen

mutta hyvä ollakseen

KUKA JÄÄ, KUN KAIKKI LÄHTEVÄT?

kirkko on museo
koti on show room
tähdellä merkityt
ovat pakollisia
pahoja ja hyviä
ruutupunontaa

minä olen harso
jonka päällä paino
lävitseni valuu
jotain jää
minusta riippumatta

sireenin raoissa taivaskaistaleet
rispaantuneet reunat

KEHITTEILLÄ KARKOTE

KUITTAILIJOILLE

piilopiikissä luonnon myrkkyjä,
eivätkä raidat suojaa itikoilta

rehellisyys on julma hyve,
joka juottaa vesimyrkytykseen asti

ironia vitsikäs täky,
kolmihaarainen koukku suussa
lupaus siitä,
ettei saalista lasketa
vahingoittumattomana takaisin

pienentäjä tulee perille asti,
ylittää rajan,
pistää oikealle paikalleen
ollakseen enemmän erityinen

väärät ihmiset oppivat häpeämään,
keittelemään vastamyrkkyjä

TUNTEMATON

En ole koskaan ymmärtänyt,
miten ihminen voisi
tunnistaa itsensä
muiden joukosta.
Kun kävelen vastaan,
olen vieras,
enkä tervehdi.

KUIVANEULA

Lapsella oli pullo päärynälimonadia.
Se oli vihreää.
Vihreä maistui parhaalta.
Hän oli pidellyt pientä lasipulloa koko matkan kaupungista.
Ensin autossa, sitten soutuveneessä.
Ja nyt perillä saaressa,
siinä täydellisessä hetkessä,
jota hän oli odottanut koko elämänsä,
pullo räjähti hänen ranteeseensa.

48 vuotta myöhemmin hänen
ranteessaan ovat yhä näkyvillä
pettymyksen kolmiot,
jotka terävillä kärjillään
kaivertavat muoviin,
miten välipäiviä ei ole.

PIDÄN SINUSTA

pidän sinusta on rakkautta enemmän
silloin näet minut lähes tällaisena
kuin olen
et juhlapuheena ennusmerkkinä
vaatimuksena nopeisiin toimenpiteisiin
pakona

ääripäiden näpit
yltiöromantiikka
sielunkumppanuus
kaksoisliekki
inhorealismi
näännytyssota
sydänkohtauspullat
velaksi elämistä ja häiriömerkintöjä
dramaattisia itsensäpaljastelijan viittoja

en kaipaa rytmihäiriöille nimeäni

riittää
kun yhdessä pidämme

yli- ja vajaasaannin puutostilat poissa

MINÄ ON MONIKKO

nukahdit vesihöyrykorttelin ahtauteen
auotut päät solkenaan
myivät pakasta metritavarana
huoraa halvalla eri taustoilla

työttömät avustivat mestauspaikoilla
levittivät toisiaan lasipöydän päälle
leivittivät

varisten viha
ei loppunut yhden kuolemaan

yöhormonit
paljastuneet piirteesi
tiedostamaton monikkosi
unien transseissa
pihoille jatkuvissa huoneissa

suuret sakset
leikkasivat
liimasivat
valmiin tarinasi
uuteen järjestykseen

ja kun heräsit
se oli läpikuultavan
voileen takaa
otettavissa

OMANA ITSENÄÄN OLEMINEN ON HOPEAA

Se, mitä olemme luontaisesti,

harvemmin imartelee.

MIESTEN SADUT

asiat muuttuvat vasta

uusien tarinoiden myötä

INTO HIMOON

yhden yön ja tuhannen asennon
korkea veisu

tuhannen yön ja yhden asennon
saatanalliset säkeet

uuden nahan tuoksu
muotoosi kulunut kylki

lyhyttä aaltoa
pitkää valoa

molemmista on rakentajiksi

kun vaan sanot
mitä tarvitset

SALAISUUS SOTISOVAN ALLA

aamujen unohtamaa kipeää kelorankaa
pahkakasvaimet sairaita joulupalloja

umpeenkasvanut rintakehä
liikkumattoman mielen kotipesä

luodakseen tilaihmeitä
mielikuvitus
tarvitsee silmänkantamatonta avaraa

EI KUKAAN AINA YHTÄÄN

valtavasti valehteleva
tässä työssään tarkka
kärähtämistä karsastava

      mää oon   a i v a n
l   o   p   p   u

    v   a   i   n mulle käy a   i   n   a näin

        mää en jaksa e   n   ä   ä
y   h   t   ä   n

k   u   k   a   a   n   e i   saatana välitä

      tää oli v   i   i   m   e   i   n   e   n kerta

klassikkokliseet
sijauspatja
alla uutuudenkarheat liittolaiset
uudet kengät ja haava, herne

LOOTUSJALATKIN OLIVAT SUOSITTUJA

Suosituimmuus on huono suositus, eikä

perinnekään ole riittävä perustelu.

MITÄ JUMALAT LUKEVAT
LAPSILLEEN ILTAISIN?

Isä, lupasit minun vanhempana ymmärtävän
nämä oudot suvut, eripuran,
suvaitsemattomuuden, epätasaisen moraalin, vihan,
julmuuden, turhat koettelemukset ja
niiden tarkoituksen,
joka ei ole sitä, miltä näyttää.

Isä, nyt olen ihan helvetin iso,
eikä poissaoleva läsnäolosi ole tehnyt minulle hyvää.
Näen edelleen painajaisia saduistasi,
joita et viitsinyt minulle lukea.
Niissä minut poltettiin kuoliaaksi
ja ammuttiin täyteen nuolia,
eikä mikään tekoni voinut muuttaa
kohtaloani, jonka olit ennalta määrännyt.

Uhkailuistasi huolimatta,

revin kuvasi, itseni,

keskeytän lapsesi, itseni,

kasvan aikuiseksi, itsekseni.

Ja kun armosi sataa päälleni,

avaan varjoni,

kun kutsut minua,

jään huoneeseeni,

enkä enää avaa

lähettämiäsi lahjoja.

RAKAS PUOLI

Pyöreässä pöydässä istujat luovat mandalan,
jonka symmetrian,
                    tasapainon ja kauneuden,
ulkopuolinen
                    muotopuoli
rikkoo.

Rakas Puoli,
pidä puoliasi,
et ole pelkästään palatsin ulkopuolella,
olet myös sisällä puutarhassa.

Rakas Puoli,
kaksi puolikasta ei ole kokonainen,
sillä Puoli on kaksi kertaa enemmän,
ja kun meitä aletaan huutaa,
voit päättää,
oletko nimi vai luku.

KAKSITERÄINEN

127

etäisyys syntyy
kun asioita
ei uskalleta
selvittää

hymy
naisen ikiaikainen joustinneule
tuhoaa kantajansa

NIIN ETTÄ KOSKETTAISIN

kaksoisvalottajaksi paljastunutta
henkivalokuvaajaa
ei kiinnosta autiuteni täyttäminen

poraan lisää reikiä kyyneleilläni
joiden lähde kristallinkirkas

vaihtosielut ja -päät
kipupumput ja -kynnykset
apuhenget ja -voimat
työkalut ja -putket
ulottumattomissa
kaltaisiltani varkailta yösäilössä
koukussa
torninosturissa

strategisista kartoista taitellut talot
vieraskielisine runoineen
näyteikkunassa pumpulia ja pastellia
elämäänsä kyllästyneet laimeat lifestylekaupat

tee kupeista
joiden korvaan ei sormi sovi
sivupöydällä kiiltävä Pekingin ankan nahka
ja Kalin sinisenmusta

kaikki on erikoista muttei erityistä
katson näen mutten
tunnista ketään
mitään

hyttyset nousevat öisin
ruumiilleni ruokailemaan

BACK TO THE BASICS

Kotipihan pulu
              jos kuka on

rauhan kyyhkynen.

HENGENPELASTAJAN VASTUU?

hyvyys muuttuu hävyttömyydeksi
mitä enemmän annetaan
sitä enemmän vaaditaan
kiitos aiheeton

lahja velvollisuus
vapaaehtoisuus tapa tottumus pakko
luonnostaan lankeava etuus
rakkaus riippuvuus
vastalahja vastaisku
arvostus halveksunta

hyväntekijä pahantekijää pahempi
hyväksikäyttösuhteen irtisanottuaan

heikkoudestaan luopumalla antaja
askartelee ottajan heikkoudesta
heijastimen
eikä saa sitä koskaan anteeksi

MIELETTÖMYYS

missä itsessäsi pidät tietoisuuden
        mielettömyydestä
ratkaisemattoman rankaisevan
        jota ei kiinnosta elämän tarkoitus
vaan virhe
        joka kaikessa
pois selittämätön

täysi sirkus, syntymän paradoksi
täysi tyhjyys, kuoleman paradoksi

viisaat ovat kiireisiä päästäkseen ajattelemasta
viisaat ajattelevat ja pääsevät kiireestä

molemmat kysyvät
        kestäisinkö totuuden
vai uskoisinko valheen
        jonka eteen on nähty vaivaa

VETTÄ IMEVÄT LUPAUKSESI

Batiikkitaivaalla tuuli ajaa takaisin tähtiä,
silmien sulhasia,
joiden sanat ovat paperilyhtyjä,
valossa haalistuvia,

veden hetken kannattelemia.

Marrakechin vaaleanpunainen kuu antaa odottaa.

Sanon,
tiettyjä asioita ei voi vannoa,
nukahtaminen ei kysy lupaa,
eikä ihastuskaan,
mutta se,
mihin ne johtavat,
on jo päätös.

Uppoavat.

ANKARA

Lapsuuden vasemmassa eteisessä
yhä tulvi valtimoveri,
joka pisimmällä aallonpituudellaan
tahrasi
kokoontaitettavat intohimot,
huomisen satunnaiset huoraukset.

Unelmissaan
itsensä murhaaja,
rikollinen,
joka kuuluisi vankilaan,
jos vielä eläisi.

EVOLUUTION ALUN ELIÖ YHÄ 200 GRAMMAA HÄNESTÄ JA MUISTUTTAA PIKKUHOUSUNSUOJAA

Aikojen alussa hänet irrotettiin sivuleikkureilla
väkivalloin valurungosta.
Hiekkapaperilla poistettiin kaikki
ylimääräiset tarttumapinnat.
Samanhenkiset,
joilla oli hänen numeronsa,
alkoivat myöhemmin hivellä häntä
persikan polttavalla nukalla,
muurasivat umpeen vesilukot.

Sinivalaan muotoisilla keskusasemilla,
hetuloiden siivilöimä valo,
keijuston valveunta,
jolloin unelmat asetelmista,
pään päälle sidotuista hedelmäkoreista,
toteutuivat.

Muuten,
maan korvissa,
piti vain yrittää olla ajamatta
tankkia tyhjäksi,

varoa sokerin ja purkausten
muuttamien lasisten aivojen
särkymistä,
liian korkeaa sykettä.

Pikku hiljaa,
jatkuva yhteensopivien värien välttely
haaleni
skandinaavisen minimalistiseksi väripaletiksi.

Menneet tulemattomat päivät
olla vapaa.

KOTI-IKÄVÄ

137

kuihtuvan kuun harteilla huurrekuorrutettu harso

tämäkin vieraaksi jäänyt kaupunki

on pelkkä kuuluisa kuva

kylmä pitelee minua

TURVATON

Näin paljon turvaa
on jo
turvallisuusongelma,
johon tarvitaan
lisäturvaa.

KULLIMUKI

kaadan sinuun kuumaa
ja riisut housusi

kielisuutelet äänihuuliani
lakanamme on nihkeä leikkele

monta päivää
eikä minun tarvitse tilata
postimyynnistä mitään

AVAJAISKUTSU

Itku sopii pipeille, luvan saaneille ja näytökseksi. Suuri suru on
yksityinen elinkeinonharjoittaja,
geelimäistä jauhoa, harmaata pimeää työvoimaa nielussa,
sieraimissa ja taipeissa.

Seuraan, miten lokit, pitkän lapsuuden viettäneet isot linnut,
paskovat kaatopaikalla korkeakiillon päälle, eikä sen hohde
merkitse niille mitään.

Isän kynnet olivat paksut
sekä taitavat
ja vaikka hän oli aina oma itsensä,
sekin oli valeasu.
Hän ei ollut samanlainen kenenkään kanssa,
eikä kukaan muistuttanut häntä.

Isä tiesi kaiken valosta, 1100 lumenia, kantama 800 metriä,
mutta eli siimaisessa pimeydessään, emmekä me muut nähneet,
miten hän olisi halunnut itseään pideltävän.

Olimme saman pajan käsityöläisiä,
omien hittituotteidemme sisään kuivattuja,
toisillemme kutsuvierasyleisöä.

PYHÄÄ GEOMETRIAA

Hänen otsallaan pelattiin ristinollaa.
Huoliuurteiden kahdentoista neliön tilaihmeissä,
vankina ikuisuudessa,
jossa ristiinnaulitseminen
kolme kertaa kolme kertaa,
jotta ehdot täyttyvät,
lupaus kivusta.

Jämäksi teroitettuna,
kyykyssä,
taivaalta suojaavassa lehtipuumetsässä,
jonka poluilla sai ulkoilla hihnassa.
Sudenkorennon takaruumis sykki,
ja pyökkien rungoissa erottuivat vielä viime syksyjen ranteiden
viiltelyt.

Kiusatut menivät suljetuille osastoille,
sadistit kauppasivat keittiöpyyhkeitä painatuksella.
"Kärsimykset ovat tie aitoon itseen."
Maailma oli päästä päähän täynnä muotitietoisia,
jotka kulkivat aitojen ihmisten turkiksissa.

Jotkut hänenlaisensa jäivät silti hetkeksi henkiin,
armeliaat sudenkorennot ompelivat heidän silmänsä kiinni.

SUUM CUIQUE

Feodaalipyramidin kapea linnunnokka oksentaa Lilithiin
puoliksi sulaneen massan,
valmiin tietopaketin
sekä pahan veren ja paineen.

Totuudeksi suojanimetty on sekä hauta että temppeli,
kilpalaulantaa ja battle,
orjien ja halpatyövoiman taidonnäyte, pyramidihuijaus,
jossa taivaan teollisuusimurit varmistavat autuaan antamisen.

Synnin nettopalkka on aina kuolema ja paperinen juhlahattu,
jossa voidaan tarjoilla
myös myrkylliset mikropopcornit, eikä kyljysrasiassa oleva
imutyyny ole syötäväksi.

Hengen, Pojan ja Isän
sekä maailman muiden rikkaiden miesten ja modernien
kolonialistien
alla makaa edistyksen nimissä kupattu Eeva kuolemaan
johtavassa tilassaan.
Muotopuoli,
huono siirto,
normaali kuluminen,
pakkolunastus,
monilatva,
varrellinen rikkasetti.

Kahdesta tuhkakilosta suurin osa on tuhkausarkun
polttamisesta syntynyttä puutuhkaa.

NUORI RAKKAUS

Elämässä kokeet ovat vain harvoin
annetuista motiiveista.
Aiheen vieressä reputta Malla uskoo,
jossain näkee paljon asioita
ensimmäistä kertaa,
laivat lasipulloissa odottavat yhä miehistöä.

"Lopettaisitko ilmassa leijumisen",
miehensä edessä anelemalla pyytää.
"Siksihän minut valitsit. Kokopäiväihmeitä tekemään.
Varjostamaan. Kun tavanomainen oli yhdentekevää",
vastaa mies rakkaimmalla välinpitämättömyydellään.

Sure Malla lyhyt pullea hetki,
nyppyyntyminen kuuluu ominaisuuksiin.
Syvänmerenkalojen valot ovat houkutuksia,
mutta kuka tietää,
ehkä valtamerten muovipulloissa
kaikista ravuista tulee lopulta
erakkoja.

Kun joku ylpeänä kertoo olevansa pelkkiä
kipeitä ruotoja,
usko!

NÄKEVÄKSI PIILOTETTU

Poissaolo antoi hänelle mahdollisuuden
seistä eri taustaa vasten
litteänä kolmiulotteisena
paksulla kaksipuolisella teipillä
sidontatiilessä
johtamassa lämpöä alustasta itseensä

Ja kun hän palasi he pitivät sitä
tuliaisena tukoksena tarrana tartuntana turhana
vaikka se oli alkuperäiskansaa
kivikasvot Nefertitille myydyn
hitsausmaskin suojissa

VIESTI ILMAN ANKKURIA

Kukaan ei välitä sinusta. Sinä et pidä kenestäkään.

Cow. Coward.

Luonasi ei käy vieraita, vaikka odotat heitä piiloutuneena
vaatekaapissa roikkuvaan klassiseen trenssiin.

Chick. Chicken.

Vartalonmuoto, elämänmuoto, pinnanmuoto ovat pinnallisille.
Sinua syvällisenä kiinnostaa pitkän, rikkaan ja urheilullisen
sisältö.

Hog. Hoggish.

Miksei kukaan koskaan tule puolitiehen vastaan? Sinulla ei ole
bussikorttia, tietä, eikä jalkoja.

Bug. Bugger.

Sinua on lapsena kiusattu. Sinä kiusaat yhä.

Crab. Crabber.

Tiedät, ettei
yksi ihminen
voi
tehdä mitään,
vaikka koko maailma
on lopulta

vain tuo yksi ihminen.

Yksi ihminen
tuhoaa tai pelastaa
toisen
yhden ihmisen.

Hole. Whole.

Antaa
viestikapulan seuraavalle
ja se on joko
astalo
tai
olympiatuli.

AVIOERO

venesilmät
orjien kaleerit
naulitaan menestysten ja menetysten ristiaaltoihin
airot katkeilevat tyynyille
kirkasunissa häpyhuulet avautuvat Bidet'n suihkuille

leivomme tuhon tartaletin tähän muistipalatsiin
kostutetut levyt
välissämme
murenevat erillisyydeksi
kurkussa kohoavaksi kultaiseksi kärjeksi

yhä haukot yhdeksässä kilometrissäni
pääsi vesipumppu tipottelee kiteisiä totuuksia aukileeseeni
injektoin katkeruuteni vihreänä nukkuvaan ruumiiseesi
jaettu penikkatautimme
rasittavuutemme kriittinen massa ylittyy
eikä kipinä käynnistä enää moottoria

tunteiden puhdastilassa
nopealla kahden kilon ulosteella
allekirjoitetut eropaperit

tomaatti ja kurkku
eivät viihdy yhdessä
päätyvät silti samaan salaattiin

IHAN HYVÄLLÄ MÄ TÄMÄN SANON

puutteen varaan leikatuilla kaavoilla syntyneet
koskevat kuhaan vasta sen pilaannuttua
nokkivat toisten köyhien saumavaroissa saunavuoroissa
kotireitin merkiksi jätetyt leivänmurut
rinnan poskilla kauhistelevat hyvällä vain
vaimojen vihaamat niskoittelevat naiset

vartin huolihetket kohoavat pepitaliinojen alla
lämpimäisiin sulaneessa kovassa voissa uivat
kalvinistin kuiviin kupatut
synnin suolakalat

kukaan ei saa jäädä ilman
pahinta parasta pakkoa
mene töihin
tai tapa itsesi
vapaamatkustaja miehesi kukkarolla

olen sinun
huoltajasi
pitsireunainen
poltettu
karsinogeenisi
kuumalle pannulle heitettyjen lihojen ääni

kultakalamaljassa hait
uivat
yksimielisyytensä ympyrässä
käsipohjaa

ON AAMU

Olen edelleen
itseni yllä,
eikä kukaan muu voi
höyryttää minua sileäksi.

MUISTAN ITSENI

hengitän järven onton selkärangan
luonnostelen vastasyntyneen aallon levottoman pään
ilman kantoliinassa valo venyttelee kaikissa väreissään

sammal palaa
metsän koskettimissa
luomattomat luodut syntyvät
kun kukaan ei ole katsomassa

yhteisillä aisteilla
kirkas tuoksuu niin tummalta
eikä sadetta tarvitse pitää

eläimen muotoni
oikea ääneni
palaan juuri
ennen kuolemaa

YHTEINEN VUOSIKELLO

kuljemme maastoutuneiden
porttien teorioiden läpi

      tulinen huntuni karkeaa sinappia

jaloilla puilla ja kivillä
hiljennämme tuntemattoman kaipuun

naurava nakkisi
päästä viilletty
viheltää

          sunnuntaisin heräämme itseksemme 9.35

olemme kello

hellyytemme etsivät lahjoituskohdettaan

VITTU ANSAITAAN

olen jo ruma ja nuori ja kokematon
5 sigman totuus
kauneus on konservatiivista
ja kaikki tarpeettoman lähellä tylsyyttä
moni yrittää herätellä häpeää
hyssytellä väkeäni

olen hedelmällinen
munarakkulat puhkeavat tiheään
vaikka tarjoan palvelut puutteeseen tarjottavat tarpeeseen
takaapäin
masturboit minut ulos elämästäsi
viikonloppuisin imen
myös sydänsuruista toipuneiden verta
parantaakseni omat infektioni
yhteismieli kutsuu haureudeksi huoruudeksi
tätä elämäniloa rakkautta
kansanperinteestä aukeavat pornosivut
kaunis ruma sana
pelkkää metsäkanalinnun lihaa

kuivun tuhannen pillun päreiksi
turvaan katseilta ketuilta
kirkkaat keitot paperihylsytontut flirttailevat
pyllyttelen pellon reunalla vihoviimeiset pedot
olisipa keltainen sormissani yhä voikukkaa
konsensus häpeää puolestani kamelinvarpaita
minä hävytön en vieläkään osaa

miten turhaan murehdin
ylilaatua ei osata tunnistaa

nauran koko loppumatkan lopulliseen
rupsahdukseen

KROUVI KUDONTAJÄLKI

emme ole mitään,
enkä osaa sitä
kauniimmin sanoa,
ja minä olen pahin kaikista,
anteeksiantamaton

homofoninen lume väärennetyllä aitoustodistuksella

muotoon kasvatettu rintakehä sidottu puu

pitsamandaloissa vapaavalintaiset täytteet,
seuraan skitsofrenisiä apinoita
valkoisilla seinillä

on vain tämä olemassaoleva tilanne,
jota pidän mielipiteenäni,
sisäinen ylemmyys
ei saa unta,
kovamuovi

pohkeen riippukeinun harva tekstuuri polttaa

päättelen kärsimyskehon ohuet kipulangat nurjalle puolelle

en mene enää aamiaiselle,
vaikka se kuuluisi hintaan

labyrintissa oleva palkintojuusto on kuivunut kiiltäväksi

SINNEPÄIN EI OLE OSUMA

kaikki kappaleet eivät osaa lähettää lämpöä

kivilaattojen välejä
pyytää laveasti anteeksi
vaikka kipu on lihasta revitty tylppä huuto

pelastussanat pieniä
turpoavat vatsassa
lisääntyvät neitseellisesti kuin hyönteiset

vadelmahillon siemenet itävät
mutten saa ainoaa tarvitsemaani

MANEKI-NEKO

jo vuodesta 1950
hyvin opetetut
ohjelmoidut
pikku naiset
ovat ottaneet asiakseen

määritellä
mitä missä milloin
saamme maksimissaan olla

kaikki äkäpussit
kissat kuumilla katoilla
pitää
kesyttää

onnea tuovaksi
kitchiksi

MATTOON TAPUTUS

Laventelit ovat sammuneet tuhkaksi,
astun sisään maiseman nuoltuun naarmuun.
Kuumat roskikset ovat täynnä hiivataikinaa,
itseinhoa, pelkoa, epäilyksiä,
sitä samaa kuin edellisillä, idem.

Olen laiskasti kumitettu vanha ämmä kouludiscojen
mokkapaloista kootussa hameessa.
Smokkirypytetty dekoltee on kuolema,
ihmetys, miten helposti se toisille tulee
ja miten huonosti se sopii yhteen minkään kanssa,
sisustuksen, kesän, vapaasti sidottujen kukkakimppujen.

Muista naisellinen kutsumus,
vararahasto, vuoroviikot, vakuudet,
verenpainetaudin ja vaihdevuosien viilennys, vuorovesikylvyt,
selän notkon paholaisen trampoliinin suojaverkon uusiminen.

Paranen vanhoista vaivoistani hankkimalla halvalla nopeasti
uusia, henkarit tulevat talon puolesta.

Giljotiinin teräksi hiottu kuu noudattaa
luoteen ja vuoksen
protokollaa,
pimeällä puolellaan pudottelee
päitä maahan,
taivaan laskiämpäriin.

Ilmanlaatu keskusta-alueella taas huono,
kaupungin halkaiseva joki likaisia käärinliinoja,

kehät täynnä pyyhkeitä.

Mattoon käärittynä,
kuolleen kasviaineksen palsamoimana suokätenä,
helposti unohdettuna korvaamattomana,
olen yhä valmis
polkaisemaan imurin päälle.

PAKKOPAITA

Yleensä hän oli hiljaa,
halutessaan puhelias,
mikä aina yllätti fatalistit ja fundamentalistit,
fariseukset ja fakkiutuneet,
joiden opinkappaleiden mukaan ihmiseen mahtui
vastakohtapareista vain toinen.

Ollessaan lähdössä,
joku seisoi aina helmansa päällä.
Kysyttäessä toisti tuhat kertaa,
miten työskenteli mieluiten
yksin ja ryhmässä.

Rakkautensa ihaili naisia,
joilla oli liukuvärjätyt, kammatut kulmat,
nudenväriset kengät, joissa sääret näyttivät pitkiltä.
Hänellä sorkat. Ja unet,
joissa Salmonella paskoi
heidän alleen.

Suruveneet parimillistä linnunsilmävaahteraa,
epoksilla ristiinlaminoitua viilua.
Ihminen ei voi paeta surusaattueita,
voi vain pyöriä,
kuten dervissi.

Hän oli sherpa,
palan tunne kurkussa kroonista raudanpuutetta.
Tämä oli kuolemanvyöhyke,
jossa elimistö ei selvinnyt pitkään.

SILMÄLLÄPIDETTÄVÄ

hän oli jo vanha rakko
kusi joskus alleen
eikä häntä lopetettu joka kerta
sillä tämä oli nykyään sivistysvaltio
(ainoastaan itsehoitopropagandassa
pidätysvaikeudet ja virheet ovat toivottavia)

hän oli helppo
epätoivoinen ja liikkeellä
ilman itsesuojeluvaistoa
omanarvontunnetta

kummituseläin
silmät aivoja painavammat
nauta
joka lypsettiin tyhjiin
lopuksi syötiin

teki kuten turvallisinta oli
laski vastatuuleen
latasi kielensä tamponeilla
jotka vain muistuttivat luoteja

vannoi järjen nimeen
vaikka tiesi sen
synonyymiksi pelolle

säilyi vieraana omassaan
niukoissa saleissa
kun ei ollut huoneensa haltija

pesulan pyyheliinamankeleiden sähköiskut
saivat hänet ja pyyhkeet mahtumaan pienempään tilaan
yhä ihmisiä hoidettiin ja tapettiin sähköllä
hän ei tiennyt
kumpaa tämä oli

hän oli uhanalainen
ja se oli pelkästään hyvä asia

paetkaa
nuoret naiset
keulikaa

KAIKKI, MITÄ SINUN TULEE TIETÄÄ
BIOLOGIASTA

Petolinnut ovat näkyvillä.
Vain saaliin tarvitsee piiloutua.

    Broilerit eivät maalaa taivaanrantoja.
    Niillä ei ole aikaa.

Epävakailta harakanvarpailta
suoraan sotatilaan 7-vuotiaana.

    Petolinnun perseestä tulleet makaavat valkoisina
kallioilla.
    Ja palavat.

Nuijapäitä on kaikkialla.
Toisista kehittyy työkaluja, toisista lähitaisteluaseita.

    Koira pelkää kärpäsiä, minä ihmisiä.
    Koiralla ei ole muuta keinoa kuin syödä ne pois.

LEVITE

Pian kaksikkokin häviää kuvasta,
sillä ilta tulee aina heti,
kun läksyt on saatu tehtyä.

Tyttö sulkee kurkistusaukon
samettipintaisen oven
suunsa nuppineulalla.
Äiti neuvoo tekemään
aina parhaansa.

Sellaista perintöä
ei saisi
lapselleen jättää,
että
kastepöydän
kukka-asetelmassa
käsinkirjoitettu
hautanauha.

ILLANVIETTO

Vanha pikkutalo oli villi, lakoontunut munuaishuone.
Munuaisvaltimosta ja munuaislaskimosta
mentiin sisälle alakertaan,
virtsanjohtimen kohdalla oli pieni vessa,
keittiö lisämunuaisessa ja suurin osa
toiminnasta keskittyi munuaisaltaan kohdalle.
Telefunkenin putkiradion päällä oli pieniä kolikoita,
jotka eivät olleet palkkarahojen loppuja.
Mainostuoppiin kuolleiden niittykukkien varret olivat
muuttuneet ryhdittömäksi liejuksi.

Lauantaisessa ryyppypiirissä jokainen joi pullon viinaa,
jota sitten analysoitiin. Heillä oli tarinoita skeema- ja
berliininmunkeista, huolestuneesta puheesta,
jonka alla ei ollut yhtään myötätuntoa,
paikoista nimeltä Hevonkuusi, miehistä,
joiden sukua oli teloitettu Krasnyi Borissa ja naisista,
joiden virtsarakon tulehdus nousi juuri munuaisiin asti.

He olivat vieraita itselleen ja toisille,
tuhatvuotisia surumunia,
kutistemuovia,
toisinaan muotoon palautuvia,
vatsaevällisiä ja kiliseviä.

"Pool is a must", sanottiin televisiossa.
Muita lämpimäisiä vierailla ei ollut kotiin viemisiksi.

LAINANNE ON ERÄÄNTYNYT

Elämä on lainasana.
Kirjaston täti suuttuu, kun olen
kastellut sivuni.

ELÄMISEN PERUSYKSIKKÖ

Ennen vanhaan näitä kutsuttiin hellahuoneiksi,
nykyään köyhyydeksi.
Patja oli täynnä ihmistä:
hikeä, kuolaa, räkää, mätää, virtsaa, kyyneleitä.
Kuuden viikon välein uusiutuva iho
leijui rasvaisena pölynä huoneilmassa.
Kissa oksensi karvapalloja,
koira pitkää ruohoa.

Makkaraperunoiden makkaranpalat olivat kalvottuneita ja
valkoisia,
haarapalat likaisia,
rikkinäinen petroolilämmitin söi huoneilmasta hapen.

Aamuisin jäsenet olivat hetken väärinpäin,
mikä vaikeutti selviämistä.
Joskus hän toi tänne kaltaisensa naisen,
joka unelmoi ruukkupuutarhasta,
siveli häntä hetken sydämen suuntaan.
Yksinäisyys ei kuitenkaan puolittunut jakamalla.
Se ei ollut olomuoto, vaan juuri,
kasvattava, kohottava, kantava, kuristava.

Sotasäätiedotuksen mukaan tänään sodittiin kaikkialla.
Miniatyyrisotilaat Kevlar-kuiduissaan
täyttivät maailmojen strategiset shakkilaudat.
Univormujen kiihottamat kiihottuivat tuleen,
päihtyivät maailmanlopun näyistään,
teurastivat Rauhan hybridilokin yhä uudestaan,
maan alla ylikypsä liha ravitsi Paimenen kukkaroita.

Kiinnijääneet palsamoitiin mikrokupujen alle ja osa säilöttiin
formaldehydiin
varoittavaksi esimerkiksi.

Hän jäi mielellään muistoihinsa istumaan:
kettumarmeladit,
pihapihlajat,
kissankäpälät,
vaatimattomat, kuten hänkin.

Kiitollisena ja kaivaten.

KESKIYÖN LASIKENKIIN USKOVAT PELKÄÄVÄT TAIKOJENSA RAUKEAMISTA

*A*varuudellisen avarat aloituskysymykset. Mitä kuuluu?

*B*uddhien näkymättömät hevospenikset. Mitä tuhlausta, kun vihdoin Baabelin porton kerettiläisrovion hedelmällisillä jäänteillä luonnostaan vastenmielisestä kasvaisi orgasmi.

*C*D-soitin, jolla on oma tahto ja huono musiikkimaku, ei suostu soittamaan Foo Fighters -yhtyettä.

*D*ensolokki, 5/5 trolli ja loinen. Nimiä vaikeasti määriteltäville.

*E*lämänvalinnat, jotka nähdään henkilökohtaisina hyökkäyksinä.

*F*undamentalistit, tyhjät pöntöt, joiden kaatamiseen tarvitaan hyvää tuulta enemmän.

G-pisteen löytyminen vasta H-hetken jälkeen. Harmittaa vieläkin.

*H*arvojen hyvinvointi, joka perustuu monien pahoinvointiin.

*I*hmiselle suunniteltu kaksinaisuus, kapea käytävä, jossa vaniljakynttilän henki ei kykene peittoamaan likaisen lihan hajua.

Jatkuva surullisuus tekee meistä kohtuuttomia, jopa vaarallisia.

Kirottua nukkea, joka on myös tyttö ja jonka hyvä äiti on
kuollut synnytyksessä, on helppoa alttarisiunata tai ainakin
laskuttaa.

Lihapakkauksissa ja logoissa kanat ja porsaat hymyilevät,
koska niistä on ihanaa olla hyvänmakuisia ja hyödyksi.

Materiaalien ja juomien sekoittamisesta ei seuraa kovempaa
krapulaa, vaihtelevampaa laatua.

Nollatuntisopimukset, ja keisari kulkee edelleen alastomana.

Onnistuneimmissa tempuissa joku menettää kaiken tai ainakin
viattomuutensa.

Perhekokoiset, valmiiksipakatut eväät: kuiva yskä, lohjenneet
mineriittilevyt, asbestipölyä keuhkoihin vuotavat uskomukset.

Quicheen esipaistetulle pohjalle ladotun juottokaritsan lapsuus
on lyhyt, leikit jäävät leikkimättä.

Ruskeat monogrammikassit säitä kestämättömine nahkaosineen
ovat vakavastiotettavia ja tarkkoja kunniastaan.

Sisarukset, Elämä ja Kuolema, joista vain kauniimpaa
esitellään sulhasehdokkaille.

Ton-päätteiset lupaukset eivät ole vielä uusi elämäntapa.
Onneksi kuitenkin ovat tarroitetut lasisarjat, joita tarvitaan
onnellisena olemiseen.

Ulkoaopeteltu naisellinen kutsumus, kannel ja keuhkotauti.

*V*alesokkeli, kattoikkuna ja tasakatto saavat aina kaipaamaan takaisin kotiin, jossa vuokratyöntekijän voimavarakysely on osa vitsiä.

X-kromosomit ristiinnaulitsevat meidät perimään, maksamme isiemme syntejä.

*Y*ötaivaasta on harvoin sekä kernipöytäliinaksi että kynttilöiksi.

*Z*eppeliini oli vuoden 2004 absurdi näky. Sellaisia todella kaipaa.

*Å*bo ei aina ymmärrä sitä, mikä modernille Turulle on itsestäänselvää.

*Ä*rsyttävyyskynnyksellä pitää kysellä ympäriltään, paljonko sallitaan.

Ö-mappi on ruumishuone, jonne päätyneille on jo tehty ruumiinavaus.

MIELIPAHASTA PAHA MIELI

Olit alkanut kerätä romuja pihaseinää vasten.
Katselit kivipiiraa kauppahallissa,
tunsit itsessäsi tuon vieraan
linnun ruoansulatusjärjestelmän osan.

Yllättävä lahja, haava, haude ja herkku.
Mielipaha,
kaikissa asuissaan valepukuinen,
opetit sen diivaksi, diileriksi,
muttei se stunttejasi tee.

Mielipahaan kadonneita löytyy
pythonien vatsoista,
kiss and go -paikoilta,
tiedottomiksi syötettyinä, juotettuina.
Eikä löydetyksi tuleminen muuta mitään,
kun kaveeraa sellaisen kanssa, joka
auttaa päin mäntyä,
suksii sitten kuuseen.

PELISÄÄNNÖT

Kun vastustaja juoksee verkolle
vastaamaan lyöntiisi,
tiedät iskeä seuraavan takarajalle.

Muistetaan pitää tutut virheet
kädenulottuvilla ja
pakotetut vastoinkäymiset,
jotka perustuvat sille,
ettei kukaan kestä totuutta.

Juhlapukuiset tytöt kiiltonahkakengissään
        riekkuvat, riehuvat, revittelevät
jättiläisyksisarvisen kartioluusta
sykkivissä suihkuissa.
Paljetit leviävät arkimaanantaihin,
pyhä nauru maallisille moreeneille.
Paikalliset paheksujat,
närkästyjien näärännäpyt.
        Tie, totuus, tapa.
        Kuviolliset servetit, kiharat, orkideat
kalenterin mukaisesti.
Ikuinen apostolinen paasto.
Ennakoiva tekstinsyöttö.
Kulhoon kuivunut kaste,
teleprompterissa päivän sana,
puute,
vaikka aamut täynnä
ilmaista ihanaa.

JOSKUS SINNEPÄIN

kissat nääntyivät pajuun hikisessä
talonseinässä kasvoivat vanhuksen
henkselinraidat

arjen asetelmat ihan
paskassa jättikokoinen
vessaharja 16-reikäinen
ilotulite ulos vedetty
C-kasetin 60-minuuttinen Mombasan
unelmia kolme ja
puoli

loukkaaja suuttui väärinkäyttäjä
vihasi kun uhri paljasti
kipunsa heidät ja
jumala taputti katsomossa vaikkei
hänen ollut vaikeampaa olla
paha hyvää
kohtaan

ventovieras tuiki tuntematon uppo-outo ennennäkemätön
kaiken kaikkiaan tässä muiden totuudet ominani sylkeä
suupielissä eivätkä
kuolleiden henget ota enää
yhteyttä niitä on koeteltu
liikaa

aamulla lakaistu valo
valaisi koko yön
rikkalapiossa
kaukana silti tyytyväisyys tiivis
savi joka pysäyttäisi
radonin

NAISTEN SUKU

sukuni naisten sukkapuikot metallihenkarit sikiöt sisälläni
liika iho pyyhitty sidottu
höyhenet ja simpukankuoret
saveni suloiset sideaineet
talvehtivat seinänraon toppauksissa
kuin aikuiset sitruunaperhoset

sisätilojen kuviointi ei jatkunut
saumattomasti ulkopuolelle
olla sisältä edelleen alkuperäinen
aito ajaton
soudettuna Seilin saarelle
kauas Sooria Moorian linnasta
kun liha oli heikkoa

48 tuntia on kulunut
enkä palaa enää hengissä luokseni

PYSTYYN KUOLLEET

kaikki pitäisi kyseenalaistaa
varsinkin itsestäänselvyydet
niin pitkään paikallaan olleet
rampoja jo
vuodepotilaita
jotka pitopalvelu pitää hengissä

RAKENNUSTYÖMAA

Vanha poistetaan.
Pidetään huoli, että uuden alla on
tasaista, puhdasta ja kuivaa.
Palalla, joka jää yli,
aloitetaan seuraava rivi.
Tela kastetaan läpimäräksi,
muttei valuvaksi.
Kuvat ja kuviot kohdistetaan.
Liimaa pitää olla tarpeeksi,
mutta liika sotkee kaiken.

Remontoinnin periaatteet
soveltuvat myös ihmissuhteisiin.

KÄSKYMUOTO

Ylistetyn käskyn, jonka mukaan
lähimmäistään tulee rakastaa niin kuin itseään
ongelma on siinä,
että hyvin harva kykenee koskaan rakastamaan itseään.

HARVINAISUUDEN KIROT

Ei ole siunaus joutua kantamaan
pusseissaan yhtä maailman arvokkainta
eloperäistä ainetta,
sanoi myskihirvi,
jonka talirauhanen oli juuri
irrotettu ja
keitetty öljyssä.

FUSKU

Käskyjään sokeasti noudattavat sotilaat osasivat marssia vain
eteenpäin "VASEN YYY KAA KOO". Niitä oli niin paljon,
ettei haitannut yhtään, vaikka osa kuoli. Sotilas oli sakin
heikoin nappula. Sen voima perustui määrään.

Usein sattuma vain sattui, sillä lopulta kaikki perustui
noppatuuriin, ja köyhillä olivat omat perverssit
kausaalisuhteensa. Satunnaisuuden manipuloiduilla kaavoilla
saatettiin kanssakilpailijat konkursseihin. Mustien Maijojen
päihtyneet patarouvat kaatuivat kasvoilleen, eikä heidän
häviäjän kädestään ollut kääntämään pelin kulkua.

Sanojen merkitykset muuttuivat kirjaimia lisäämällä. Joka
maksoi eniten, sai valita uuden kirjaimen, vallan muuttaa
opetus lopetukseksi,
apina kapinaksi,
kuu kuulaksi.

Voittaja oli se, jonka pelimerkit loppuivat ensimmäisinä
tai se, joka keräsi eniten pisteitä.

Yleensä se,
joka valehteli parhaiten.

PARILIITOSTILA

Lapsuuden mielentila,
huuru, sininen sirotus,
yhteys välttämättömään ikävään,
pyhään ilman pyhiä,
aavistus, väristys.

Jossainko,
ehkä väljä olomuoto tai
laulu, joka saa tulla ulos leikkimään,
ennemminkin valaistu ikkuna lammessa ja valoköynnös
kuin jatkuva perjantain odotus oikeinpäin.

Kaipaus,
hyvin eletty,
käytetty,
annettu,
kädessä sinun kätesi,
resonanssi,
värähtelyt,
tyyni tosiasia,
missä? on arvoton,
kun kenen kanssa?
jää.

LUPA SIUNATA

182

Kaksinkertainen armo
on sitä, että olet
sellaisen ihmisen
tunteiden ja mielentilojen armoilla,
jonka selviytyminen on riippuvaista
muiden reaktioista.

LISÄAINEET

kerrostalon joulukalenteri-ikkunoissa
aurinkokin on Ikean sorminukke
aspartaamilla makeutettu

halpa suklaa syöksee vapaat radikaalit
nurkkiin protestoimaan
riehumaan roskaamaan ennenaikaisen
rapistumisen
putkitukoksen

kroonisen vallankumouksen
vaisuuden vahvistaa natriumglutamaatti
tunnekyyneleet sipulikyyneleitä

pihalla lapset leikkivät
tauriinin voimin
lasilla kotia

IKÄVÄ

menetyksen sukkahousut
venyvät putkimaista pituuttaan
ilman välilihan repeämisen suomaa helpotusta
kiinnittyvät värjättyjen vesisuonten seinämiin
tupakantumpeista rakennettuina tyhjinä pesinä

suruaika nakkiketjussa roikkumista
ennen putoamista kaislan sisään

menetys on kaikki tunteet
jopa aavistus
vaniljasokerin tuoksua

kun olet käynyt

SCRABBLE

asiaton
epäoikeudenmukainen
yllättävä
kohtelu
syövyttää

syntyville
muuttuville
kasvaville
rei'ille

jotka imevät
kantajansa
samaan selittämättömyyteen

sinä hetkenä kun vihdoin saa kirjaimista sanan
ilmassa enää jonglöörien pallosalamat
ruoskineen

ja kun on pelkkää
reikää
ei ole enää mitään
tunnistettavaa
tuttua tartuttavaksi

täynnä toiseutta
tuettua tuskaa

TÄNÄÄN ON PIAN HUOMINEN

tulevien tragedioiden
ennenpitkää väistämättömien
odottelu
ahdistaa meitä

teatterinaamioidensa takana
muodonmuuttajat
flow-tilassaan hurmioituvat
groteskeihin tekoihin

päänäytös on ohi
jäämme pelkäämään päätöslaulua

kauanko voimme anoa lykkäystä

ei vielä
tänään

tänään

HALLANVAARA

avaan vakoni
sydäntäsärkevät
kyltymättömät
kyntöauralla

ylistyksistä
ihasteluista
ei ole itämään
kaunista
edes syömäkelpoista

istuttamani esteet
        tietullit
ylilannoitus
        multaamattomuus
säilytys valossa

myrkyllisin
vihreä
pitelee paikoillaan
riittämättömyydessä

siemenperunat
sairastuvat
sappikiviksi

AUTOSSA

radiossa ei koskaan uskalleta soittaa
niitä muita hyviä biisejä

onneksi on sentään
tosi pitkä kiihdytyskaista
ylämäkeen asti

SOPIVASTI ONNEA
KESTETTÄVÄKSI

kamalan kivoja kaikki nämä
pienet tavarat
ympärilläni

jos ne vielä toimisivat
en ehkä enää kestäisi

Sisällys

Nina Reunanen

Sata viilenevää idylliä, 2019

Mantelinperijä, 2020